HISTOIRE ECCLÉSIASTIQUE

DE L'ORGUE,

par

J.-Édouard BERTRAND,

Ancien élève de l'École impériale des Chartes

PARIS,

TYPOGRAPHIE CHARLES DE MOURGUES FRÈRES,
rue Jean-Jacques Rousseau, 8.

1859

HISTOIRE DE L'ORGUE.

SON INTRODUCTION

DANS LE CULTE CHRÉTIEN.

Par J.-E. BERTRAND.

(Extrait du Journal LA MAITRISE.)

PARIS,

TYPOGRAPHIE CHARLES DE MOURGUES FRÈRES
rue Jean-Jacques Rousseau, 8.

1858.

HISTOIRE DE L'ORACLE

son introduction

DANS LES CLASSES DE QUATRIÈME.

PARIS,
TYPOGRAPHIE CHARLES DE MOURGUES FRÈRES
rue Jean-Jacques Rousseau, 8

1868

HISTOIRE DE L'ORGUE,

SON INTRODUCTION DANS LE CULTE CHRÉTIEN.

I.

L'orgue compte déjà plus de deux mille ans d'existence; mais il n'y en a guère que mille que le christianisme l'a adopté. S'il ne l'a pas créé, on peut dire qu'il l'a fait ce qu'il est. A peine installé dans l'église, l'orgue y a pris des proportions grandioses qu'il n'avait pas connues dans l'antiquité. Il lui fallut encore plusieurs siècles pour perfectionner tous ses membres trop longtemps laissés informes par les procédés grossiers du moyen-âge, et surtout pour adoucir la voix éclatante et dure de ses tuyaux d'airain, plus convenable aux spectacles en plein air du cirque qu'à la gravité du culte. Dès lors, c'est-à-dire depuis le XIVe siècle, il est accepté sans aucune contestation; les conciles et les liturgistes ne songeront plus qu'à le rappeler au caractère grave et convenable, et à régler son rôle dans les cérémonies; il sera reconnu enfin comme l'instrument ecclésiastique, et, pour le monde catholique, il sera *l'instrument*, comme la Bible est le *livre*.

Mais celui qui remonte aux premiers siècles de notre ère pour y chercher la tradition religieuse de l'orgue, n'y trouve qu'obscurités, hésitations et même contradictions. Comment l'orgue passa-t-il donc du paganisme au christianisme ?

Disons d'abord que jamais l'orgue ne servit au culte

païen ; les chœurs de flûtes et de lyres y étaient consacrés depuis les temps mythologiques, et cette tradition fut gardée jusqu'au dernier jour du paganisme. L'orgue antique était employé dans les maisons particulières ; les femmes apprenaient à en jouer (1) ; Ammien Marcellin nous témoigne que de son temps il était de mode d'en mettre dans les bibliothèques. Il y en avait surtout au palais des empereurs : c'était l'instrument chéri de Néron ; Héliogabale en jouait (deux singuliers patrons pour notre instrument !). Mais, surtout, l'orgue servait en public ; il prenait part aux concerts du théâtre ; c'était par excellence l'instrument du cirque (*Suesce atque organicis beare circis*, dit Mart. Capella) ; l'instrument même, avec ses soufflets, servait de but aux courses de chars ; c'était au son de l'hydraule que s'exécutaient les danses impures des mimes et les combats sanguinaires des gladiateurs.

On concevra sans peine que l'Église ait, dans les premiers siècles, rejeté de son sein l'orgue et tous les instruments en général, puisqu'ils étaient ainsi mêlés à tout ce qu'elle abhorrait, et à bon droit, dans les mœurs de la vieille société. Elle ne revint de cette juste prévention qu'après la chute de l'empire qui entraîna avec elle et fit disparaître tous ces jeux et toutes ces fêtes.

Dans les premiers siècles chrétiens, il n'est donc question que du simple chant, et surtout du chant des psaumes, *cancre, psallere*, et ce chant même était très-austère (2). Chez les Juifs, sous l'ancienne loi, ces psaumes étaient chantés avec l'accompagnement des instruments, et cela

______

(1) Comme on le voit par le tombeau de Julia Tyrrhania au Musée d'Arles (Millin, *Monuments antiques*, tom. 2, p. 292, pl. 37) ; et par le petit orgue de la villa Mattei, cité dans l'*Histoire de la musique*, d'Hawkins, p. 403.

(2) Raban-Maure : *Primitiva Ecclesia ita psallebat, ut modico flexu vocis faceret resonare psallentem, ita ut pronuncianti vicinior esset quam psallenti.* Nous croyons que cela est vrai, surtout avant Constantin.

est exprimé très-souvent dans le texte: Rien de plus fréquent dans l'Ancien-Testament que la mention du psaltérion, de la cithare, de l'*organum* (la syrinx des Hébreux), des trompettes, des cymbales, tous très-ordinairement employés dans le temple. Mais ces instruments hébreux étaient les mêmes que ceux de la Grèce et de Rome. Sur ce point comme sur tant d'autres, la nouvelle loi ne jugea pas à propos de suivre les errements de l'ancienne.

Saint Eusèbe (*in psalmum* 91) dit : « qu'il fut d'usage de chanter les psaumes avec la cithare et le psaltérion ; mais que les chrétiens ne le font pas, que c'est un usage juif. » Saint Justin (*quæstio* 107, *ad orthodoxos*) s'exprime bien plus vivement : « Il ne suffisait pas simplement de chanter à ceux qui vivaient sous l'ancienne loi, ils chantaient en dansant et en s'accompagnant d'instruments. Dans nos églises, au contraire, on a repoussé de la musique sacrée l'emploi de ces instruments et de toutes choses semblables qui ne conviennent qu'aux fous, et l'on s'en tient au chant pur et simple. »

Ce sont là des textes formels. On citerait beaucoup de passages en apparence contraires, mais aucun, je pense, qui établît que les instruments fussent employés dans le culte même. Souvent les premiers auteurs chrétiens citent les passages de l'Ancien-Testament dont nous parlions plus haut ; ils affectionnent ces expressions bibliques : *psallere Deo cum cithara, laudare Dominum in psalterio* ; mais on voit que c'est par métaphore, et en effet ils ajoutent presque toujours : *cymbalum oris, cithara animi.*

Saint Clément d'Alexandrie (*Pædagogus*, liv. II, ch. 4), dit : « Vous n'encourez aucun blâme, si vous savez vous accompagner de la lyre ou de la cithare pour chanter et même pour chanter les psaumes (*canere et psallere*). » Mais cela s'applique à la vie privée, non pas aux cérémonies religieuses. On sait avec quelle admiration Tertullien (*De anima*, cap. 14) parle de l'orgue, auquel il compare le corps humain animé par le souffle de la vie ; Théodoret (*de*

Providentia, orat. 3) lui compare l'organe vocal; mais cela est tout à fait en dehors de notre thèse.

La lettre à Dardanus, imprimée à la suite des œuvres de saint Jérôme, ne prouverait pas davantage. On s'accorde à penser qu'elle n'est pas de saint Jérôme; et d'ailleurs, en admettant qu'elle soit de quelque moine d'Orient qui connaissait bien Jérusalem, et que l'on puisse croire en cette matière (pour notre part nous l'admettons très-volontiers), nous y apprenons seulement qu'il y avait à Jérusalem un orgue à quinze tuyaux d'airain, dont la laye, faite de deux peaux d'éléphants, recevait le vent de douze soufflets, et dont les sons étaient si forts qu'on les entendait du mont des Oliviers, à plus de mille pas de distance. Rien ne dit qu'il fut employé dans le culte chrétien. On peut rapprocher de cet orgue un autre bien plus singulier, nommé *magrepha*, lequel, au rapport des livres talmudiques, servait au temple juif de Jérusalem : à certains moments des cérémonies on le plaçait à l'entrée du temple, entre le vestibule et le pronaon, et le bruit qu'il faisait était tel qu'on ne pouvait s'entendre dans la ville (1). Malgré quelques différences de détail dans les deux descriptions, nous pensons que la lettre à Dardanus et les dissertations des rabbins nous parlent du même orgue. Et si cet instrument, d'ailleurs peu religieux et peu agréable à ce qu'il semble, était employé dans les cérémonies néo-judaïques, c'était une raison de plus pour que l'église chrétienne ne l'adoptât pas.

Saint Justin semble accorder qu'on peut jouer sur les instruments le texte saint : « Car c'est toujours, dit-il, la parole de Dieu, qu'elle soit pensée et dite seulement, ou bien chantée, ou bien jouée sur les instruments » (*in*

____

(1) V. Kircher, *Musurgia*, B. 1, p. 54 ; W. G. Prinzen, *Beschreibung der Musick*, Dresde, in-4°, 1670 ; Forkel, t. 1, chap. 3, § 57 ; et la Dissertation *de Magrepha*, dans le *Thesaurus antiquitatum hebraïcarum* d'Ugolini, vol. XXXII, p. 1121.

quæstione 107, *ad orthodoxos*). Mais nous avons vu de quelle façon formelle il tranche la question à l'égard du culte. Les deux premiers auteurs qué cite dóm Gerbert dans sa collection des *Scriptores ecclesiastici de musica sacra*, saint Pámbon et saint Nicet, évêque de Trèves au v° siècle, ne parlent toujours que du chant des psaumes, dans les petits traités où ils règlent la musique ecclésiastique.

Terminons par un passage de Prudence :

> Quidquid in ære cavo reboans tuba curva remugit,
> Quidquid casta chelys, quidquid testudo resultat,
> Organa disparibus calamis quod consona miscent,
> Christum concelebrat, Christum sonat, omnia Christum.
>
> (*In Apotheosi.*)

« Tout ce que mugit la trompette recourbée dans son tube » d'airain sonore, tout ce que chante la lyre et le chaste luth, tout » ce que l'orgue aux tuyaux inégaux fait retentir d'harmonieux, » tout cela célèbre le Christ, parle du Christ, tout à la gloire du » Christ ! »

Et pourtant ailleurs (*in Hamartigenia*) ce même Prudence blâme l'emploi des instruments dans l'église.

Assurément ils durent quelquefois y paraître, et ces blâmes mêmes le prouvent. Cassiodore, qui vivait à Rome, vers l'an 500, dit que de son temps on avait décidément rejeté les flûtes du saint lieu : *Modulatio tibiarum a sacris mysteriis nostra ætate discessit* (OEuvres, t. ii, p. 312) (1).

Il faut considérer qu'il n'y avait pas encore de règlements fixes sur ce sujet ; dans les trois ou quatre premiers siècles, les pères et les conciles étaient occupés à des questions plus essentielles : il s'agissait de constituer la doctrine, et de la maintenir pure au milieu de la multitude et

---

(1) Il dit ailleurs, *de Artibus....., cap. v, de musica :* « *In ipsa quoque religione valde permixta est* (musica organica, instrumentalis), *ut decalogi decacordus , tinnitus cithare, tympana , organi melodia, cymbalorum sonus, ipsum quoque psalterium.* » Mais il est évident qu'il s'agit de la musique de l'Ancien-Testament.

de l'agitation des hérésies. Ce ne fut que plus tard qu'on eut le loisir de discuter et de régler la plupart des détails de la liturgie. Mais à défaut de statuts formels, il y avait toujours, et surtout à ce premier âge de la religion où l'esprit des apôtres était encore présent dans le monde, il y avait, disons-nous, comme une entente instinctive de ce qui était convenable et chrétien, un sentiment général qui faisait loi, et où la tradition catholique a pris naissance. Or il est incontestable que ce sentiment général fut défavorable aux instruments de musique, et nous avons dit pourquoi; nous dirons bientôt pourquoi ce sentiment put changer et changea en effet.

Quand arrive la grande invasion barbare, tout disparaît en Occident, au moins pour quelque temps, l'orgue comme tout le reste, comme tous les autres produits de la civilisation antique. Mais dans l'empire grec où l'empire romain se continue, il continue, lui, ses destinées païennes. Chacune des factions du cirque a son orgue, et l'on en joue non-seulement pendant les jeux du cirque, mais aux diverses solennités publiques, dans les cortéges, pour la fête de certains magistrats. En outre il y a au palais deux orgues d'or, qui se font entendre pendant les repas du souverain ou comme signal dans les cérémonies. Dans la réception des ambassadeurs étrangers, ils apparaissent avec toutes les autres merveilles de la physique et de la mécanique bysantines, les oiseaux qui gazouillent, les lions automates qui marchent et rugissent, afin de frapper d'admiration l'esprit des étrangers et de donner une haute idée de la splendeur de l'empire. C'est pour la même raison que les ambassadeurs de Constantinople emmenaient avec eux diverses machines curieuses dans les cours des peuples barbares; tout le monde sait l'histoire des orgues amenées ainsi en 757 et en 811 à la cour de Pépin et de Charlemagne où elles causèrent tant d'admiration et d'envie. Enfin nous voyons qu'aux jours des grandes fêtes religieuses, les orgues étaient dans le cortége de l'empereur et l'accompagnaient jusqu'à Sainte-Sophie; puis à la fin du service divin, elles saluaient sa sortie par des sons éclatants mêlés aux acclamations du cortége officiel, et le reconduisaient ainsi jusqu'au palais (2). Mais elles ne passaient pas le seuil de l'église qui les repoussa constamment; et cette proscription s'est maintenue jusqu'aujourd'hui. Les chrétiens du rit grec n'admettent pas les instruments. Le chant choral a été chez eux amené à une admirable perfection, comme par exemple à la chapelle impériale de Saint-Pétersbourg et au couvent de Saint-Serge; mais par un attachement (mal compris selon nous) à la tradition des premiers siècles, ils se sont privés des effets mystérieux et puissants de la musique instrumentale, qui, résumée et personnifiée dans l'orgue, ajoutent tant à la beauté de notre liturgie sans rien ôter à sa dignité.

C'est là un des points où les deux Églises diffèrent; cela importe assez peu sans doute aux grands principes de la doctrine; mais comme la doctrine s'exprime dans le monde et se manifeste par le culte, ces parties secondaires de la liturgie prennent une grande importance dans la vie du christianisme; elles sont comme les traits sensibles de sa physionomie, et contribuent singulièrement à la rendre plus ou moins édifiante et religieusement belle. On nous pardonnera donc d'insister autant là dessus.

Qu'on suive les phases par où la religion eut à passer dans les premiers siècles. D'abord persécutée et réduite au mystère et à l'obscurité des catacombes, on peut s'imaginer combien son culte dut être simple, triste, austère; alors elle se contentait du chant des psaumes et de la récitation des prières. Mais à partir de Constantin, elle commence à vivre au grand jour, elle s'installe triomphalement dans

---

(2) On trouve tous ces détails dans Constantin Porphyrogénète, *libri duo de Ceremoniis aulæ Bysantinæ*, Leipsick, 1751, *passim*; et dans Codinus Curopalata, *de Officiis C. Politanis*, cap. vi, *apud Gretserium, opera*, tome xv, p. 30.

l'empire et fait appel à toutes les ressources de la civilisation pour augmenter la pompe de ses cérémonies : écartant toutefois, avec un scrupule infini, tout ce qui est souillé par les mœurs païennes qu'elle a mission de corriger. Elle laisse tomber en ruines les temples du paganisme dépossédé, et se bâtit de nouveaux monuments ; elle s'approprie seulement quelques basiliques romaines, parce que la forme de ces édifices se trouve parfaitement répondre à toutes les conditions du nouveau culte, et que d'ailleurs ils n'ont jamais servi qu'aux préteurs pour rendre la justice. Elle revêt ses pontifes et ses prêtres de vêtements somptueux où le symbolisme s'exprime en broderies d'or et de soie. Elle accepte le système musical des grecs, mais en lui faisant subir des modifications qui le transforment ; elle le réduit, l'épure et le fixe ; elle en retire le rhythme, c'est-à-dire la passion ; elle supprime le genre chromatique et le genre enharmonique aux intonations variables et molles, ne conservant que le diatonique, plus simple et plus digne ; elle choisit, pour les adapter à ses hymnes, quelques-unes des mélodies antiques, les plus sévères sans doute, de même que dans la construction de ses églises, elle utilisa parfois quelques belles colonnes de marbre, quelques beaux chapiteaux doriques ou corinthiens empruntés aux édifices en ruines. Pour les statues et les peintures, on sait quelles discussions, quelles discordes même elles allumèrent ; on sait que la querelle des images troubla longtemps la Grèce et l'Italie, et qu'elle fut même, historiquement, une des causes qui séparèrent, au xiie siècle, l'église de Rome de l'église grecque. Rome admettait les images saintes ; et elle admit aussi les instruments de musique, après la chute de l'empire, une fois qu'ils eurent été purifiés, pour ainsi dire, de tout leur passé païen par la disparition et l'oubli des fêtes et des jeux auxquels ils avaient servi.

En cela, l'église catholique ne fit que suivre ce principe qui a toujours dominé sa liturgie, à savoir que la magnificence n'est pas incompatible avec la dignité dans le culte, et qu'au contraire la dévotion humaine doit s'efforcer d'offrir à Dieu toutes les choses les plus belles, pourvu qu'elles n'aient rien d'impur ni d'inconvenant, et qu'elles portent vraiment l'empreinte du sentiment religieux.

II.

Que devient l'orgue en Occident, après l'invasion des barbares au ve siècle? Auparavant, rien de plus connu, de plus répandu ; il y en avait, non pas seulement en Italie et en Grèce, mais dans toutes les provinces, en Gaule, par exemple, comme le témoignent les trois bas-reliefs réunis au Musée d'Arles ; il y en avait dans tout l'Empire : « *Hydraulas per totum orbem inveni*, j'ai trouvé partout des hydraules, » dit Martianus Capella, au commencement du ve siècle.

Mais tout cela disparaît dans le grand naufrage : il n'y a plus de jeux publics, plus de concerts au théâtre. Au milieu des bouleversements et des terreurs de cette époque, les particuliers cessent de cultiver les arts, et les nouveaux princes, installés dans les palais, ne songent guère à la musique. Le gallo-romain Sidoine-Apollinaire (à la fin du ve siècle) s'étonne et se plaint de ne trouver à la cour du roi visigoth Théodoric que des bouffons, et pas de chanteurs, pas de concerts de voix et d'instruments mêlés, pas d'orgue hydraulique, ni de joueurs de lyre, ni de joueuses de tambour de basque ou de psaltrion (1).

------

(1) Inter cœnandum mimici sales... sic tamen quod illic nec organa hydraulica sonant, nec sub phonasco vocalium concentus meditatum acroama simul intonat. Nullus ibi lyristes, choraules, mesochorus, tympanistria, psaltria canit. (Sid. Apollin. Epistolæ, l. II, 2e ep.)

La musique n'est pourtant pas tout à fait oubliée : saint Augustin en Afrique (1), saint Isidore en Espagne (2), Cassiodore à Rome (3), parlent de l'orgue, et même le passage de Cassiodore est une petite description assez complète. Muratori, dom Bédos, Millin croient que ces orgues de saint Augustin, de Cassiodore et d'Isidore de Séville ne sont pas celles de l'antiquité, que le grand orgue antique a péri durant les invasions en Occident, qu'il a été seulement conservé à Constantinople, que les ambassades grecques l'ont ramené, au IXe siècle, dans l'Europe occidentale qui n'avait jusque-là connu que de petites orgues très-grossières. Mais pour ce qui est de la grandeur, il faut bien se persuader que les orgues antiques étaient généralement petites et armées seulement de deux soufflets ou de deux leviers de pompe, comme le montrent toutes les figures antiques ; celles du cirque, à Constantinople, étaient portatives à deux hommes, et quant à celles qui furent amenées à la cour de Pépin et de Charlemagne, on se les imagine assez peu embarrassantes pour avoir pu faire un si long voyage. La citation de Cassiodore donne l'idée d'un orgue assez grand et qui n'a rien de grossier. On ne manquera pas non plus d'évoquer la fameuse distinction du pneumatique et de l'hydraulique ; mais toutes les orgues ne sont-elles pas pneu-

---

(1) Organa dicuntur omnia instrumenta musicorum : non solum istud quod grande est et inflatur follibus, sed quidquid aptatur ad cantilenam... (Saint Augustin, in Ps. 56, n. 16.)

(2) Organum vocabulum est generale omnium musicorum vasorum. Hoc autem cui folles adhibentur, hydraulum græci vocant : ut autem organum dicatur, magis ea consuetudo vulgaris est. (S. Isidore, Origin. lib. II, cap. 2).

(3) Organum itaque est quasi turris diversis fistulis fabricata, quibus flatu follium vox copiosissima destinatur, et ut eam modulatio decora componat, linguis quibusdam ligneis ab interiore parte construitur, quas disciplinabiliter magistrorum digiti reprimentes grandisonam efficiunt et suavissimam cantilenam. (Cassiopore, in psalmum 150.)

matiques? On veut dire hydraules et orgues à soufflets ; mais cette distinction qu'on fait à tout propos quand on remonte au-delà du IXe siècle, est assez puérile et fondée sur une ignorance absolue de la construction de l'orgue dans l'antiquité. D'abord les soufflets furent toujours usités, même à l'époque de la splendeur païenne; on ne doit pas les considérer comme une décadence ; quant aux hydraules, il y en eut plusieurs variétés, où l'eau jouait un rôle plus ou moins important; quelques-uns de ces instruments, où l'eau entrait dans une partie du mécanisme, et qui, par suite, étaient bien des hydraules, avaient néanmoins des soufflets pour produire le vent. Que devient la distinction qu'on veut faire? Jamais les anciens ne l'ont faite : elle est moderne. Nous allons plus loin : les anciens n'avaient à leur disposition que ce seul mot d'hydraule : *organum pneumaticum* voulait dire machine pneumatique ; hydraule, au contraire, qui est composé avec le mot *aulos*, flûte, emporte bien l'idée d'un instrument de musique : ils nommaient donc ainsi toutes les orgues, et même, par extension, celles où l'eau n'était pour rien. Nous en avons la preuve sous la main, c'est le passage de saint Isidore, cité plus haut en note, et qui semble fait tout exprès : « Cet instrument, auquel on adapte *des soufflets*, les Grecs le nomment *hydraule ;* mais la coutume vulgaire (en Occident , au VIIe siècle) est plutôt de le nommer *orgue*. » On nous permettra donc de ne jamais nous embarrasser des mots d'hydraulique et de pneumatique, à propos des orgues que nous allons rencontrer, et l'on nous pardonnera cette digression nécessaire.

Le premier moment de trouble et de barbarie passé dans le nouvel Occident, on se remit à cultiver la musique. A Rome, à la cour déjà quelque peu polie de Théodoric-le-Grand, roi des Ostrogoths, florissait, vers l'an 500, un musicien célèbre, le patrice Boèce. Le roi des Francs, Clovis, réunit auprès de lui une bande de musiciens, qui se continua toujours depuis lors à la cour des rois Mérovingiens. Cela devait être ; mais un fait tout nouveau, c'est que la vieille répugnance chrétienne à l'égard des instruments a beaucoup diminué ; nous allons les voir pénétrer dans le culte ; c'est dans les nouveaux couvents surtout, refuge de tous les arts et de toutes les sciences à cette époque, que l'art de les construire et d'en jouer se perpétuera et sera enseigné. Certains monastères acquerront une véritable célébrité en ce genre ; Bobio, par exemple, et surtout Saint-Gall.

Je ne puis admettre ce que dit dom Calmet (t. II du Comment. littér. des Ps., Dissert. sur les instr. de mus.), que si l'Église finit par adopter les instruments, ce ne fut que par une sorte de condescendance pour la faiblesse du commun des fidèles. Il est certain que bien des Pères y ont vu tout autre chose ; nous rappellerons seulement le beau passage de Prudence que nous avons cité, y ajoutant ces quelques mots de saint Augustin (*in psalmum* 98) : « *Qui* « *delectabiliter audiunt organum, delectabilius audiunt* « *vocem Dei.* Celui qui écoute l'orgue (ou l'instrument) « avec plaisir, écoute avec plus de plaisir la parole de « Dieu. » Non ; la seule objection que fît l'Église à l'adoption des instruments était qu'ils fussent souillés par l'usage payen ; mais quand les fêtes, les jeux, les mœurs de l'antiquité eurent été balayés par l'invasion barbare, l'Église admit la musique instrumentale comme un puissant auxiliaire à la beauté du culte et à la manifestation du sentiment religieux.

Venantius Fortunat, poète italien, qui vint en France dans la seconde moitié du VIe siècle, et qui mourut évêque de Poitiers, séjourna vers 580 à Paris. Il nous a décrit, dans un petit poème dédié au clergé parisien, l'organisation que saint Germain, alors évêque, avait donnée au chant de son église. Le prélat dirigeait lui-même les chœurs de chantres et d'enfants de chœur ; les voix étaient accompagnées par plusieurs instruments : des flûtes, des trompettes, des lyres, des cymbales et des petites orgues ; *exiguis organa can-*

— 15 —

nis (1). On trouvera peut-être cette musique d'église un peu
bruyante et mondaine. Il est vrai même qu'elle devait peu
différer des concerts établis à la cour des rois francs (2).
Mais ces concerts de la cour ne scandalisaient pas les contemporains, même les plus pieux. Saint Ansbert, qui fut
chancelier du roi Thierry III, vers l'an 700, en était telle-
ment ravi qu'il s'écriait : « O mon Dieu ! si vous donnez aux
« mortels une industrie capable d'élever ainsi nos âmes
« jusqu'à vous, et d'enflammer notre dévotion à vous louer,
« que sera-ce pour ceux qui vénèrent votre nom d'entendre
« dans le ciel le cantique éternel des anges et des saints ! »
(*Vitæ S. Ansberti, apud Surium, mense februario.*)

Moins d'un siècle après, nous lisons, à la fin de la vie
de saint Lambert-le-Grand, évêque d'Utrecht et martyr,
que quelques années après sa mort, on transféra le corps

____

(1) In medio Germanus adest antistes honore ,
    Qui regit hinc juvenes, subregit inde senes.
    Levitæ præeunt, sequitur gravis ordo canentum.

    . . . .

    Hinc puer exiguis attemperat organa cannis,
    Inde senex largam ructat ab ore tubam ;
    Cymbalicæ voces calamis miscentur acutis ,
    Disparibusque tropis fistula dulce sonat.
    Tympana rauca senum puerilis tibia mulcet ,
    Atque hominum reparant verba canora lyram.
        (*Ven. Fortunatus, lib. 2 Carminum, poem.* 10,
          ad clerum parisiacum.)

(2) Il y avait des troupes de musiciens ou jongleurs, semblables
à celles de la cour du roi, dans toutes les grandes abbayes, au
viie, au viiie, au ixe siècles. C'était dans les monastères, le plus
souvent, que se fabriquaient les instruments, et que s'en enseignait
la pratique. De toute antiquité Saint-Gall fut célèbre pour cela.
Eckehard, *de Casibus monasterii S.-Galli, cap.* 2, nous cite plusieurs moines qui s'illustrèrent par leur habileté à jouer de toute
sorte d'instruments à cordes et à vent. Nous avons un traité, un
peu postérieur, de Notker Labeo, moine de Saint-Gall aussi, qui
donne les formules et les procédés pour la fabrication des lyres,
des flûtes, comme aussi de l'orgue.

du martyr d'Utrecht à Trèves, et que le nouvel évêque le conduisit en grande pompe avec des chœurs de chantres et de musiciens, jouant des cymbales et de l'orgue, *organis suavissima modulatione sonantibus* (1). Faut-il traduire *organa* par orgue dans ce passage, et dans celui de Fortunat? Nous ne le pensons pas; il s'agit ici d'instruments à vent plus ou moins perfectionnés; l'orgue ne pouvait encore avoir pénétré si loin vers le Nord, et la meilleure preuve en est dans l'étonnement que causa, en ces contrées, l'arrivée des orgues de Constantinople au temps de Pépin, de Charlemagne et de Louis-le-Pieux.

Amalarius, qui était attaché, au ixe siècle, à la chapelle palatine fondée par Charlemagne, remarque que les chantres de son temps tiennent de petites tablettes d'os, mais qu'ils n'ont pas d'instruments. « *Nostri cantores non te-* « *nent cymbalum, neque lyram, neque citharam manibus,* « *neque utra musicorum.* » Ainsi, ces quelques emplois que nous avons cités des instruments dans l'église, ne prouvent pas un usage général, ni bien autorisé; ce n'étaient que des tâtonnements, des essais.

Le plus célèbre de ces essais est celui que fit le pape Vitallien, à Rome, vers le milieu du viie siècle (656-672). Vitallien réforma le chant ecclésiastique par des règles claires et fixes, et en y mêlant le son des orgues, des instruments. Dans les témoignages qui nous rapportent ce fait, on a pu relever quelques détails invraisemblables; mais a-t-on le droit de nier un fait sur lequel tous les auteurs des vies pontificales (2) sont parfaitement d'accord? C'était, à Rome, une

---

(1) *Hinc inde fratrum fideliter psallentium chori cum cymbalis canoris, organisque suavissima modulatione sonantibus concinebant.* (*Vita S. Lamberti, apud Canisium, Antiquæ lectiones,* t. ii, p. 136.) Cette vie a été écrite par un auteur contemporain, qui dit tenir son récit d'un serviteur familier du saint; cette citation a donc quelque autorité.

(2) (*Vitalianus*) *instituit cantum adhibitis instrumentis quæ vulgari nomine organa vocantur* (*Vitæ Pontificales,* citées par

tradition admise et consacrée, que Vitallien, au viie siècle, avait fait une réforme instrumentale du chant liturgique. On nomma ce chant *Cantus Vitalianus* ou *Cantus organicus.* Cette réforme ne se fit pas sans opposition toutefois ; car la vieille opinion chrétienne, qui blâmait l'emploi des instruments dans l'Église, était encore vivante à Rome : on nomma *Vitaliens* le parti de ceux qui approuvèrent l'innovation du pontife. Il est probable qu'elle ne lui survécut pas ; mais on continua de dire *cantus organicus, organare cantum,* pour une certaine manière de chant bien réglé. Ce fut ce *cantus organicus* que les romains Bénédict et Théodore vinrent enseigner en France, quand Charlemagne demanda au pape Adrien quelques chantres habiles pour réformer la musique dans les églises de son empire, notamment pour détruire celle du vieux rit gallican, et tâcher enfin d'établir l'unité du chant dans tout le monde catholique (1).

On a beaucoup contesté que les *organa* de Vitallien fussent de véritables orgues. *Musica organica,* dans les traités de musique antique, signifiait musique instrumentale ; mais nous savons que, depuis le temps où vivait saint Augustin, c'est-à-dire depuis l'an 400 environ, le mot *organum* se

---

dom Bedos). — *Vitalianus, cultui divino intentus, regulam ecclesiasticam composuit et cantum ordinavit, adhibitis, ut quidam volunt, organis* (Vitæ Paparum, de Platina, p. 85). — *Item quod iste Vitalianus composuit cantum romanum, et ipsum cum organo et melodia concordavit, et super his claras et certas regulas dedit et assignavit et modum cantandi et discantandi et organizandi* (Vitæ Pontificum romanorum, Muratori. Rerum italicarum, t. iii, pars 2).

(1) *Similiter erudierunt romani* (Benedictus et Theodorus), *cantores Francorum in arte organandi* (Monachi Engolismensis Vita Caroli Magni, ad annum 787, Coll. des Historiens de France, de dom Bouquet, t. v, p. 185). Le moine d'Angoulème est un chroniqueur contemporain de Charlemagne. — Il ne faut pas confondre ce chant organique avec le *déchant,* l'harmonie, le chant à plusieurs parties, inventé plus de cent cinquante ans après, et qu'on nomma aussi *organum, cantus organalis, organizare.*

prend très-bien dans le sens spécial. On a trop dit qu'il
était impossible qu'il y eût des orgues en Occident du
ve siècle au viiie siècle, qu'il n'en restait qu'à Constantinople, que c'est de là qu'elles vinrent à la cour des Carlovin-
giens pour se répandre ensuite en Allemagne, en Gaule et
en Italie. Bédos et Mabillon affirment que l'Italie ne connut
les orgues qu'à partir de ce moment; nous pensons, au
contraire, que jamais la tradition ne fut tout à fait perdue,
et qu'elle ne pouvait pas l'être. Là, bien plus qu'ailleurs,
la civilisation antique avait laissé des souvenirs vivants et
de nombreux vestiges. Puis, Constantinople fut continuel-
lement en relations avec les grandes villes de l'Italie tant
que dura l'exarchat de Ravenne, et surtout avec Rome,
jusqu'à la fin de la querelle des Iconoclastes au viiie siècle.
Il n'y a donc rien d'invraisemblable à ce qu'il s'agisse de
véritables orgues dans la réforme de Vitallien, et aussi dans
le passage souvent cité de Jonas, moine de Bobio (*in Præ-
fatione ad Vitam Sancti Columbani*). Cassiodore, qui vivait
à Rome un peu après l'invasion, parle des orgues en
homme qui en a vu, qui en connaît. Jonas, de Bobio, est
à peine postérieur à Cassiodore. Vitallien vient un siècle
après. Un siècle encore après, Eugène, un autre pape, était
au nombre des ambassadeurs de Constantinople qui appor-
tèrent à Pépin le premier orgue. — On trouve dans Ferd.
Ughelli (*Italia sacra*, Venise, in-fol, 1717-1722) deux
chartes du temps de Charlemagne, où il est fait mention
d'un quartier de Vérone qui se nommait *Porta organi*,
et où se trouvait un monastère sous le vocable de Sainte-
Marie de l'Orgue (1). Muratori (*Antiquitates Italicæ*, dis-

---

(1) Peut-être aussi ce nom, donné à cette porte et à ce quartier
de Vérone, avait-il déjà, au temps de Charlemagne, une certaine
antiquité. Vérone avait été une des villes les plus polies et les
plus somptueuses de l'Italie, sous la décadence romaine, et l'on
avait joué de l'orgue dans ses amphithéâtres, comme le prouve le
diptyque de Vérone, cité par Gori (*Thesaurus veterum diptychorum*, t. ii, p. 12 et pl. xiii).

sert. xiv) déclare impossible, à cette époque, l'existence des orgues à Vérone ; et pourtant tout le monde admet qu'à cette époque même, et dans cette même Italie, il se trouvait des hommes capables d'en construire, comme le Vénitien Georgius, qui vint en construire à Aix-la-Chapelle.

Quoi qu'il en soit, il est après tout incontestable que les deux orgues apportées de Grèce à Pépin et à Charlemagne, et cet autre, construit sous Louis-le-Pieux dans le palais par le Vénitien Georgius, font époque dans l'histoire de l'instrument. Jusque-là, il n'y a que des mentions rares et sujettes à controverse ; depuis ce moment, les orgues se répandent rapidement par toute l'Europe et sont admises dans le culte ; leur histoire devient très-facile à suivre.

Nous ne citerons que pour mémoire l'hypothèse de Zarlino (*Sopplimenti musicali*, lib. viii) qui ferait venir les orgues de Constantinople aussi, mais par une toute autre voie : de Grèce, elles auraient passé en Hongrie ; puis en Bavière, à la cathédrale de Munich, d'où elles se seraient répandues dans tout le reste de l'Europe ; mais Zarlino ne s'appuie sur aucune autorité, et nous ne savons pourquoi certains auteurs ont donné de l'importance à cette conjecture.

On lit dans les Annales d'Eginhard, à l'an 757 : *Constantinus imperator* (c'est Constantin vi, Copronyme, fils de Léon) *Pippino regi multa misit munera, inter quæ et organa quæ ad eum in Compendio villa pervenerunt, ubi tunc populi sui generalem conventum habuit* (1). Les vieilles chroniques de Saint-Denis traduisent ainsi : « En ce temps vindrent au roi li message l'empereour Constentin de Constantinople au chastel de Compiecgne où li rois étoit adonques à général parlement », et il fut offert à Pépin de riches présents, entre lesquels « uns orgues de trop mer-

---

(1) Collection des Historiens de France, t. v, p. 198.

veilleuse beauté (1) ». Ce fait est attesté par une dizaine de
chroniques contemporaines, et la plupart ajoutent que cet
orgue fut le premier qu'on vit en France (2) ; du reste,
aucun détail sur la forme et les conditions de l'instrument
même (3). On ignore également où il fut placé et ce qu'il
devint. D'après une erreur assez répandue, il serait resté à
Compiègne, à l'église de Saint-Corneille ; puis, lors de la
démolition de Saint-Corneille, aurait passé à Saint-Jacques
de la même ville, où une belle inscription en lettres rouges
et noires apprend au public que l'orgue actuel est précisément celui de Pépin. M. Cavaillé-Coll, qui fut appelé à le
réparer en **1846**, n'eut pas de peine à voir qu'il avait à
faire à un instrument très-moderne en toutes ses parties.
Cette légende, si flatteuse pour l'amour-propre local, a sans
doute été imaginée il y a un siècle ou deux, quand furent
publiées les vieilles chroniques et qu'on y put lire que le
premier orgue venu en France avait été reçu par Pépin, à
Compiègne.

A l'année **811**, la chronique de Saint-Gall nous apprend
qu'il vint à la cour de France de nouveaux ambassadeurs
de Constantinople, qui amenèrent avec eux toutes sortes de
machines merveilleuses : cette fois, ce n'était pas pour les
laisser en cadeau, mais seulement pour les offrir un instant
à l'admiration des barbares ; les Grecs devenaient jaloux de

---

(1) Histor. de Fr., t. v, p. 221 ; Chroniques de Saint-Denis, *Gestes
de Pépin.*

(2) *Ibid.*, pp. 17, 317, 325, 327, 338, 363, 368.

(3) Il n'y en a dans aucune chronique. Seul, l'historien Turn-
mair, au xvi⁰ siècle, dans ses *Annales Boiorum*, lib. iii, voulant
donner quelque idée de l'orgue de Pépin, s'avise de le décrire
d'après ceux de son temps avec des tuyaux d'étain et des pé-
dales : *organum, rem usque ad id tempus Gallis et Germanis in-
cognitam ; et cicutis ex albo plumbo compactum simulque follibus
inflatum, manuumque pedumque digitis pulsatum.* Le bon Turn-
mair semble même insinuer qu'on touche l'orgue avec les doigts de
pied.

leurs secrets, ils remportèrent avec eux toutes ces merveilles.
Mais le prudent Charlemagne avait donné ordre aux arti-
sans de sa cour d'examiner les machines avec soin et « sans
faire mine de rien », *quasi dissimulanter ;* ils réussirent à
en construire de semblables, entre autres un orgue à soufflets dont les sons imitaient les grondements du tonnerre,
la douceur des cymbales et les effets légers de la lyre. Le
moine de Saint-Gall ajoute : « Ce n'est ici ni le lieu, ni
l'instant de raconter où cet orgue fut placé, combien de
temps il dura, et dans quel désastre général de l'empire il
périt ». On peut conjecturer que ce fut dans les pillages des
Normands ; mais cette réserve du chroniqueur est regret-
table pour nous (1).

On remarque ici quelle importance attachait Charlemagne
à la possession de cet instrument qui passait alors, et même
à Constantinople, pour le produit le plus curieux et le plus
précieux de la civilisation. M. de Coussemacker reconnaît
dans Charlemagne le grand propagateur des orgues en Occident. C'est beaucoup dire, quand on n'a d'autre document
que celui que nous venons de citer ; mais il n'est pas impossible que l'initiative soit venue de Charlemagne en ceci
comme en tant d'autres choses. Ce fut peut-être lui qui
ordonna aux comtes de ses provinces d'Italie et des côtes de
l'Adriatique, de rechercher, dans ces contrées voisines de
la Grèce, et de lui amener des hommes capables de construire les orgues et d'enseigner l'art de les construire.

---

(1) Histor. de Fr., t. v, p. 124 : *De rebus bellicis Caroli Magni,
libri duo monachi Sangalliensis : Adduxerunt iidem missi omne genus organorum, sed et variarum rerum secum, quæ cuncta ab opi-
ficibus sagacissimi Karoli quasi dissimulanter adspecta, accuratis-
sime sunt in opus conversa : et præcipue illud musicorum organorum præstantissimum, quod doliis ex ære conflatis follibusque tau-
rinis per fistulas æreas mire perflantibus, rugitu quidem tonitrui
boatum , garrulitati vero lyræ vel cymbali dulcedine coæquabat.
Quod ubi positum fuerit, quandiu duraverit et quomodo inter alia
RP. (reipublicæ) damna, non est hujus loci vel temporis enarrare.*

L'an 826, Louis-le-Pieux, tenant une assemblée à Aix-la-Chapelle, Baudry, comte de la marche du Frioul, amena un prêtre vénitien nommé Georgius qui se faisait fort de fabriquer un orgue à la manière des Grecs. L'empereur l'accueillit avec faveur, et le remercia d'apporter à l'empire des Francs une gloire inusitée jusque-là ; puis il le confia à Thancolf, ministre du trésor sacré, avec ordre de fournir à l'artiste tout ce qui lui serait nécessaire pour son œuvre, aux frais de l'État (1)

Nous avons d'ailleurs peu de détails sur cet orgue. Plusieurs des chroniqueurs l'appellent *hydraulicum ;* mais nous nous sommes expliqué à ce sujet un peu plus haut (2). Suivant un contemporain de Louis-le-Pieux , Walafrid Strabon, qui a laissé une description en vers de la Rotonde

---

(1) Tout cela est littéralement traduit des chroniques. Histor. de Fr., t. vi, p. 107 : *Vita Ludovici Pii, ad a.* 826 : ..... *Cum Baldricus et Geraldus, ceterique Pannoniarum custodes adessent finium, adduxit Baldricus dicto imperatori presbiterum quemdam nomine Gregorium* (tous les autres auteurs disent *Georgius*), *bonae vitae hominem* (au lieu de ces trois mots, on lit dans un Ms. de la Bibl. imp., *Beneventanum*, de Bénévent), *qui se promitteret organum more Græcorum componere. Quem imperator gratanter suscepit; et quia illa quae antea inusitata erant regno Francorum attribuebat gratiarum actiones reddidit ; ac Tanculfo sacrorum scriniorum prælato commendavit, publicisque stipendiis curare jussit, et ea quae huic operi necessaria forent præparare mandavit.* — Voyez encore *ibid.*, p. 149 les chroniques de Saint-Denis ; — p. 225 la chronique d'Hermann Contract; — p. 187 les Annales d'Éginhard; et encore p. 209 et 273.

(2) Pour la satisfaction des personnes qui s'y intéressent plus que nous, nous allons citer les dernières mentions que nous ayons rencontrées du mot *hydraules* : Hucbald au xe siècle, dit *hydraulia vel organalia;* Aurélien de Réomé dans son énumération des diverses espèces d'instruments : *his instrumentis quae aqua moventur, ut organa;* enfin Aribon au xie siècle : *Vox humana..... cu^t nullae hydrauliae, nulla alia co mparantur fistula.* [Voir ces trois auteurs aux tomes i et ii des *Scriptores ecclesiastici de musica sacra*, de dom Martin Gerbert, in-4°, 1784, Saint-Blaise).

d'Aix-la-Chapelle (1), l'orgue qui était placé dans cette église avait tant de charme qu'une femme, rien qu'à l'entendre, s'évanouit et en mourut. Le poète carlovingien dit que ce fut de plaisir; nous pensons que ce fut seulement d'étonnement et même de frayeur.

Ce fait de la naturalisation des orgues dans l'empire fut considéré comme un véritable triomphe, et célébré par les poètes contemporains comme une victoire remportée sur la cour bysantine. Ermoldus Nigellius s'écrie : « Et les orgues, jusqu'ici étrangères à la France, et dont la vanité des Grecs s'énorgueillissait tant, seul avantage par où Bysance croyait encore l'emporter sur Aix-la-Chapelle, les orgues font aujourd'hui l'ornement de ta cour, ô César! (Louis-le-Pieux) Les voilà dépouillés de leur plus grand honneur : ce leur sera sans doute un signe qu'ils aient à se soumettre au joug des Francs. France, applaudis, tu le dois, et remercie pieusement Louis de qui tu as reçu ces merveilles ». (2)

---

(1) ..... Tintinnum quidam, quidam organa pulsant :
  Dulce melos tantum vanas deludere mentes
  Cœpit, ut una, suis decedens sensibus, ipsam
  Femina perdiderit, vocum dulcedine, vitam.
  Cedant magnatia superest figmenta colossi,
  Roma, velit Cæsar magnus (Louis le Pieux) : migravit ad arces
  Francorum quodcunque miser conflagraverit orbis,
  Ex queis præcipue jactabat Græcia sese
  Organa, rex magnus non inter maxima ponit.
    (*Walafridus Strabo, De apparatu templi Aquisgranensis, apud Canisium, Antiquæ lectiones*, t. VI.)

(2) Organa quin etiam quæ nunquam Francia crevit,
  Unde Pelasga tument regna superba nimis :
  Et queis te solis, Cæsar, superasse putabat
  Constantinopolis, nunc Aquis aula tenet.
  Fors erit indicium quod Francis colla remittant,
  Cum sibi præcipuum tollitur inde decus.
  Francia, plaude, decet : Hludovico fer pia grates
  Cujus virtute munera tanta capis.
    (*Ermoldus Nigellius abbas Ananiensis, carmen de rebus gestis Ludovici Pii*; Histor. de Fr., t. VI, p. 63.)

L'enthousiasme de Walafrid Strabon n'est pas moins grand, comme on peut le voir, dans les quelques vers que nous en avons cités.

Pour récompenser Georgius et le retenir en France, Louis-le-Pieux le fit recteur de l'abbaye et de la basilique de Saint-Salvius sur l'Escaut (1). Il est hors de doute qu'il enseigna son art à plusieurs disciples qui le répandirent aussitôt dans tout le nord de l'Allemagne, et que lui-même ne s'en tint pas au premier instrument qu'il avait construit dans le palais (*in Aquensi palatio*, dit positivement Éginhard dans ses Annales; et dans les vers d'Ermoldus Nigellius, *Aquis aula tenet*). Celui qui était placé à Notre-Dame-d'Aix-la-Chapelle et dont parle Walafrid Strabon, était sans doute aussi de la main de Georgius.

Toutes les chroniques du ixe siècle, rédigées pour la plupart dans les monastères, font mention de ces premières orgues de Pépin, de Charlemagne, et surtout de celles de Georgius en 826. L'orgue est mentionné aussi dans tous les traités de musique (par exemple, dans Aurélien de Réomé et dans Réginon de Prum, tous deux du ixe siècle). Plusieurs musicographes de ce temps, et dont quelques-uns avaient pu être les élèves du prêtre vénitien, donnent même les formules et l'indication des procédés pour la facture de l'orgue (ainsi : Hucbald, moine de Saint-Amand; Notker Labeo, moine de Saint-Gall; Odon, abbé de Cluny; Bernelin, Éberhard de Frisinge; Aribon, qui après avoir exposé sa propre méthode, la compare à celle d'un certain Wilhelm, très-habile facteur, d'abord moine à Ratisbonne, puis abbé d'Hisaurge) (2). Ainsi se propageait l'art nouveau; mais avec cette circonstance remarquable et qui a dû frapper déjà le lecteur, que c'est dans le monde ecclésiastique qu'il se

---

(1) Histor. de Fr., t. vi, p. 273. *Ex libris de translatione SS. mart. Marcellini et Petri, auctore Eginhardo.*

(2) Pour tous les musicographes dont les noms sont cités ici, voir la collection des *Scriptores de musica sacra* de D. Gerbert.

propage, dans les couvents et les églises. Dès que les chrétiens du nord eurent des orgues, ils n'hésitèrent pas à en faire hommage au culte. Dans le midi, en Italie par exemple, cette innovation eut peut-être encore rencontré quelques restes de la vieille répugnance traditionnelle qui deux siècles avant avait étouffé l'essai de Vitallien. Mais au nord on adopta le nouvel instrument sans aucune contestation, et avec un réel enthousiasme. Ce fut comme un mouvement général qui finit par entraîner tout le reste de la chrétienté. L'Italie qui avait connu bien auparavant les orgues, mais qui n'avait jamais été fort empressée de les consacrer à la religion, l'Italie elle-même se laissa gagner par cette passion nouvelle, et ce fut à l'Allemagne qu'elle eut recours. Le pape Jean VIII (872-882), dans une lettre à Hannon, évêque de la petite ville de Frisingen sur l'Iser, le prie entre autres choses, de lui envoyer un bon orgue avec un bon organiste (1).

Ainsi, trente ans à peine après l'arrivée de Georgius à Aix-la-Chapelle, les orgues du nord de l'Allemagne étaient déjà si célèbres qu'on le savait à l'autre bout de l'Europe et qu'on pouvait s'adresser pour en avoir à un petit diocèse assez obscur de la Haute-Bavière (2). S'il y avait des orgues à Frisingen, il est permis de croire qu'il y en avait aussi à la

---

(1) *Precamur autem ut optimum organum cum artifice qui hoc moderare et facere ad omnem modulationis efficaciam possit, ad instructionem musicae disciplinae, nobis aut deferas aut cum eisdem redditibus mittas.* [Dans Baluze, *Miscellanea*, tome v, p. 499, et dans Mabillon, *Acta sanctorum ordinis S. Benedicti*, t. v, p. 670.)

(2) Il est vrai que ce petit diocèse de Frisingen a longtemps été renommé au moyen-âge pour ses orgues. Un document ancien cité par Ducange, le catalogue des évêques de Frisingen conservé à Saltzbourg, signale cet accident : *Ruit ciborium deauratum et domus organorum :* cette expression semble indiquer un instrument de grandes dimensions. Éberhard, l'un des auteurs qui donnent la théorie de la construction des orgues, était de ce diocèse, *Eberhardus Frisingensis*; enfin, c'est à un évêque de Frisingen qu'est dédié le petit manuel d'Aribon.

métropole, Saltzbourg. Toutes les églises un peu impor-
tantes durent se faire une gloire d'imiter le premier exemple donné par la Rotonde d'Aix-la-Chapelle, sous le règne
même de Louis-le-Pieux. Georgius enrichit, sans doute, sa
basilique de Saint-Salvius d'un cadeau de ce genre ; et tous
les musicographes des ıx^e et xe siècles, Hucbald, Notker
Labeo et les autres, qui nous décrivent si bien les procédés
de la facture des orgues, ne pouvaient s'en tenir à la théorie,
et en construisirent pour leurs couvents et pour d'autres
églises. Prætorius (1) dont le témoignage fait autorité, dit
qu'à la fin du xe siècle il y en avait à Saint-Paul d'Erfurth,
à Saint-Jacques de Magdebourg, bientôt après à Saint-
Étienne d'Halberstadt, et que de son temps, c'est-à-dire
vers 1700, on voyait encore quelques restes de ces vieux instruments avec des inscriptions. Les Allemands qui, comme
on voit, eurent l'honneur de l'initiative, restèrent à travers
tout le moyen-âge et les temps modernes les meilleurs facteurs de l'Europe : c'est d'eux que vinrent presque tous les
grands perfectionnements. Mais il nous suffit d'établir ici
que les orgues étaient déjà fort communes en Allemagne
au xe siècle.

Elles passèrent de bonne heure en Angleterre. Le premier
qui se présente aussitôt à nous, et le plus célèbre de tous
ceux de cette époque est celui de Saint-Pierre de Winchester, église à la fois cathédrale et abbatiale dont les chanoines étaient Bénédictins. Volstanus, archichantre de
cette église, nous a donné, dans le prologue en vers de sa
vie de Saint-Switun, une description fort détaillée de cet
instrument vraiment merveilleux pour le temps, avec ses
deux claviers touchés par deux organistes, ses quatre cents
tuyaux, ses vingt-six soufflets mus par soixante-dix hommes, avec ses sons formidables qui s'entendaient par toute

---

(1) *Prætorius (Mich.) Organographia seu theatrum instrumentorum*, etc., Wolfenbüttel, 1618 in-4° ; c'est la seconde partie du
Syntagma musicum.

la ville. Nous nous réservons d'en examiner curieusement et d'en discuter avec soin le mécanisme dans un autre travail qui sera consacré à l'histoire pour ainsi dire matérielle de l'instrument, de ses progrès et de ses perfectionnements successifs : le présent travail est plutôt l'histoire, à un point de vue tout moral, de la propagation des orgues et de leur adoption dans le culte. Celui de **Winchester** fut établi par les soins de l'évêque Elphège, en 951 suivant l'opinion commune, en 1001 si l'on s'en rapporte à Mabillon. Mais ce ne fut certes pas le premier essai de ce genre en Angleterre ; Volstanus n'eût pas manqué de le marquer, et il dit seulement que jamais on n'avait vu rien de tel (*organa qualia nusquam cernuntur*). Il serait plus vraisemblable d'attribuer l'importation des orgues dans la Grande-Bretagne à Saint-Dunstan, archevêque de Cantorbéry, qui vivait dans la seconde moitié du xᵉ siècle et que la tradition nous donne pour un excellent musicien, très-habile à jouer de toutes sortes d'instruments comme aussi à en construire. En 988 il coula de sa propre main deux cloches pour le couvent d'Abington, et lui donna un orgue à l'instar de ceux d'Allemagne ; il en donna de même à beaucoup d'églises et d'abbayes anglaises. Citons encore, d'après Mabillon (1), celui de l'abbaye de Ramsey, au xᵉ siècle également : cet orgue, aux sons mélodieux et puissants, et dont les tuyaux de cuivre avaient coûté 30 livres sterlings, était dû à la munificence du comte Elwin qui avait en outre fait bâtir l'église et pria Saint-Oswald, archevêque d'York, d'en venir faire la dédicace. Il va sans dire qu'au xıᵉ siècle

---

(1) *Acta sanctorum ordinis S. Benedicti*, t. vii, p. 754. — Voir aussi dans D. Martène, *Comment. ad regulam sancti Benedicti*, cap. 18 : « *Ramesiensi basilicæ comes Aldermannus triginta libras ad fabricandos cupreos organorum calamos erogavit, qui in alveo suo super unam cochlearum denso ordine foraminibus insidentes, et diebus festis follium spiramento fortiore pulsati, per dulcem melodiam et clangorem longius resonantem ediderunt ; sed hoc comitis liberalitate, non monachorum expensis* (Ex chronico *Rames.*)

et dans les temps plus rapprochés, on rencontre des mentions de plus en plus nombreuses qui prouvent que l'usage des orgues devint général.

Il en fut de même en Italie depuis le pape Jean VIII. S'il faut en croire Muratori (1), le nouvel instrument y excita une admiration incroyable, mélange de stupeur et de plaisir : les populations accouraient de toutes parts et se pressaient dans les églises pour l'entendre.

Nous ne voyons, avant la fin du xe siècle, aucune apparition des orgues en Gaule, dans la France proprement dite ; mais le premier nom que nous aurons à citer est celui de Gerbert (Sylvestre II), la plus grande lumière et l'individualité la plus étrange de cette époque ; tour à tour moine, abbé, professeur, attaché à la cour d'Allemagne, archevêque, chancelier de France et pape, à la fois homme politique, un peu aventurier, théologien lettré, astronome, mathématicien, mécanicien, musicien et facteur d'orgues. Élevé à l'abbaye d'Aurillac, puis moine à Floriac, il disparut un jour pour aller étudier en Espagne sous les maîtres arabes, alors les meilleurs de l'Europe et les vrais héritiers des sciences et de la philosophie d'Alexandrie et de la Grèce. Emmené à Rome par Borel, comte de Barcelonne, il émerveilla, par ses connaissances en musique et en astronomie, le pape lui-même, qui ne put s'empêcher d'en écrire à Othon, roi de Germanie (on peut voir sur ce point les mémoires contemporains du moine Richer, liv. iii, chap. 44). Est-ce à cette époque ou un peu plus tard qu'il fut abbé de Bobio en Milanais ? Dom Bédos avance que ce fut dans cette abbaye, célèbre pour la musique, qu'il apprit l'art des orgues ; il est bien plus probable que ce fut dans ses

____

(1) Muratori, *Antiquitates italicae medii œvi*, Dissert. LVI, p. 777 : *Mirum in modum aucta deinde est populi delectatio, et ad sacras œdes concursus, quum primum oriente in occidentem translatus est organi pneumatici usus et melos. Incredibile dictu est quanto stupore ac voluptate primum exceptum fuerit.*

nombreux voyages en Allemagne. En 770, Adalbéron, archevêque de Reims, l'appelle pour le mettre à la tête des écoles de sa province; Gerbert eut là pour élèves le fils d'Hugues Capét, Robert, qui devint roi, et Jean, depuis évêque d'Auxerre. Un peu plus tard, il passe à la cour d'Allemagne; *on le retrouve auprès de l'impératrice Théophanie.* Au milieu de la politique et des affaires, et malgré ses voyages continuels, il ne cessait de construire ses horloges, ses orgues et toute sorte de machines. En 986, Gérhard, abbé d'Aurillac, lui ayant demandé de lui envoyer d'Italie des orgues pour son monastère, Gerbert lui répond que les guerres qui troublent l'Italie et l'Empire l'empêchent de les lui envoyer sur le champ: *Organa porro et quæ vobis præcepistis, in Italia conservantur, pace regnorum facta vestris obtutibus repræsentandæ (Coll. ap.* Duchesne, lettre 71). Gérhard étant mort en 987, Gerbert écrit à Raymond, le nouvel abbé, qu'il ne peut encore s'occuper de lui expédier les orgues, étant fort affairé à préparer son départ, et à rassembler quelques uns de ses moines et de ses soldats pour suivre en Allemagne sa souveraine Théophanie (1). En 988, quand le siége archiépiscopal de Reims devint vacant par la mort d'Adalbéron, il se mit sur les rangs; mais c'est Arnoult, fils naturel du roi Lothaire, qui l'emporta. L'année suivante, Gerbert, disgracié, persécuté, fuyait vers l'Italie, où il allait enfin retrouver ses machines, ses instruments scientifiques de toute sorte; il écrit encore à l'abbé d'Aurillac (2).

---

(1) **At quoniam domina mea Theophania, imperatrix semper augusta, VIII Cal.** aprilis proficisci me secum in Saxoniam jubet, eoque quosdam ex meis monachis ac militibus ab Italia convenire jussi, nunc non habeam quod certum scribam super organis in Italia positis ac monacho dirigendo qui ea conducat. — *(Coll. ap.* Duchesne, n° 91). V. aussi le recueil complet des *Lettres de Gerbert*, publiées en 2 vol. par **M. L. Barse.**

(2) **Eaque res iter meum in Italiam penitus distulit, ubi et organa etiam servantur et optima portio meæ supellectilis** (Lettre lxxviii, *Raimundo Auriliaco abbati*, dans la collection des *Historiens de France*, t. x, p. 406).

Cependant l'archevêque Arnoult ayant conspiré contre le roi de France, celui-ci l'avait fait déposer : Gerbert, rappelé à la hâte, est élu à sa place. Le nouvel archevêque dota sa cathédrale d'une horloge et d'un orgue *à vapeur*, dont nous allons parler. En 995, le saint-siége rétablit Arnoult à l'archevêché de Reims ; Gerbert, dépossédé, s'attache à la personne de l'empereur Othon III, qui l'emmène en Italie et le fait nommer archevêque de Ravenne (999), et presque aussitôt Gerbert devient pape sous le nom de Sylvestre II ; c'est le troisième patron que l'orgue peut compter parmi les pontifes romains.

Un bénédictin anglais, William Sommerset, de Malmesbury, nous dit que, de son temps, c'est-à-dire au milieu du XIIe siècle, il existait encore à Reims une horloge mécanique et un orgue hydraulique fabriqués par Gerbert : dans cet orgue merveilleux, le *souffle produit par la violence de l'eau chauffée* s'élevait de lui-même pour remplir la cavité de la laye, et de là s'échapper en sons modulés à travers les nombreuses issues des tuyaux d'airain (1). —Cette application de la vapeur, qui semble d'abord un peu étrange, et surtout pour l'an 1000, est cependant très croyable. Tout le monde sait aujourd'hui quelle puissance a le souffle produit par la vapeur de l'eau bouillante ; dans les deux derniers siècles, on le savait déjà par l'éolipile et par les pompes à feu ; et dans la première moitié du XVIIe siècle, Salomon de Caus écrivait longuement sur ce sujet. La force de la vapeur n'a pas été ignorée des anciens ; ils l'appliquaient

---

(1) Exstant enim apud illam ecclesiam (Remis) doctrinæ ipsius (Gerberti) documenta, horologium arte mechanica compositum, organa hydraulica, ubi mirum in modum per aquæ calefactæ violentiam ventus emergens implet concavitatem barbiti et per multiforatiles transitus æreæ fistulæ modulatos clamores emittunt. (Willielmus Malmesburiensis, lib. II, De gestis regum Anglorum, *Historiens de France*, t. X, p. 243. — Cette chronique anglaise est pleine de fables et d'extravagances ; mais dom Bouquet la croit digne de foi en plusieurs points, et notamment en celui-ci.

à de petiles machines (1), telles que la pile de Héron d'Alexandrie, décrite dans les *Pneumatiques* de ce fameux mécanicien. Gerbert apprit sans doute le secret de la vapeur chez les Sarrazins d'Espagne, dans les traités des mécaniciens et des physiciens grecs, et ce fut une excellente *idée qu'il eut* de l'appliquer aux orgues. En effet, la vapeur d'eau produit de plus beaux effets sonores que le souffle de l'air froid. Jamais un soufflet mécanique ne vaudrait pour la clarinette, la flûte ou le cor, le souffle tiède et humide des poumons. Mais cette découverte de Gerbert n'eut pas plus de suites que tant d'autres plus merveilleuses encore qu'on trouve rapportées naïvement dans les chroniques des xie et xiie siècles. Gerbert avait inventé le poids moteur ; il faisait, la nuit, des observations astronomiques avec des tubes garnis de verres ; pendant l'orage, il attirait la foudre avec des flèches de fer ; enfin, il prêcha le premier la croisade. Cet homme était en avance de plusieurs siècles sur ses contemporains grossiers ; aussi ses idées restèrent stériles pour le monde et pour lui-même. Sa science le fit regarder comme un sorcier ; son influence politique et son élévation légitime, comme un intrigant. Cette prévention contre un des plus grands génies du moyen-âge a eu de la peine à se dissiper ; on en peut retrouver encore un dernier vestige dans la *Gallia christiana*.

Ainsi, vers la fin du xe siècle, il y avait des orgues à Reims, et sans doute aussi à l'abbaye d'Aurillac, dans le Midi ; mais ce fut plutôt au Nord, du côté de l'Allemagne, que la propagation s'en fit peu à peu. Hucbald, au xe siècle, savait les construire, dans son monastère de Saint-Amand. Saint Odon, qui fut abbé de Cluny au xe siècle (il mourut

---

(1) M. Hamel (Manuel-Roret du facteur d'Orgues), nous donne, sous le n° 900 de son atlas, un petit orgue antique qu'il croit avoir avoir été hydraulique et à vapeur ; nous voudrions être du même avis, mais cette conjecture nous semble bien hasardée, n'étant fondée que sur une petite figure assez informe.

le 18 novembre 942), saint Odon en enseignait la fabrication, et il est probable qu'il en fit faire quelques-unes pour ses abbayes et prieurés (1). La chronique du monastère de Saint-Hubert des Ardennes, à propos de l'élection de l'abbé Thierry Ier, en 1055, énumère les principaux personnages du couvent à cette époque, doyen, chantre..., et un certain *Lambertus, organista* (2). — Tout cela ne confirme guère l'opinion de dom Martène (*Comment. ad regulam sancti Benedicti*, cap. IX), qu'on n'a pas vu d'orgues dans les monastères des Gaules avant le XIIIe ou XIVe siècle : *Cæterum in nostris Galliis dubito an visa fuerint in monachorum ecclesiis organa ante trecentos aut ad summum quadringentos annos.* — A la fin du XIe siècle, l'abbaye de Fécamp avait un orgue dont les concerts se faisaient entendre à l'église les jours de fête ; et l'archevêque de Dol, Baudry (mort en 1107), par qui nous connaissons cet instrument, plaide avec enthousiasme la cause des orgues, dont l'usage, encore rare en France, était blâmé par plusieurs, « par ceux-là, dit Baudry, qui ne pouvaient pas encore en avoir » (3). — A l'autre extrémité de la France,

---

(1) *Historia Andaginensis monasterii Sancti Huberti in Arduenna* (Manuscrit du XIIe siècle, publié dans la *Coll. veterum scriptorum* de D. Martène, t. IV, p. 924).

(2) Pour Hucbald, Odon de Cluny, Gerland de Besançon, voir la collection des *Scriptores ecclesiastici de musica sacra*, de dom Martin Gerbert, in-4°, 1784.

(3) *Baldrici archiepiscopi Dolensis itinera seu epistola ad Fiscannenses monachos* : Illa in ecclesia (monast. Fiscann.) unum quid erat quod mihi non mediocriter complacuit, quod ad Deum laudandum et excitandum David canticis suis inseruit : Laudate, inquit, Dominum in chordis et organis. Ibi siquidem vidi instrumentum musicum, fistulas ex ære compactum, quod follibus excitum fabrilibus suavem reddebat melodiam, et per continuam diapason et per symphoniæ sonoritatem graves et medias et acutas voces uniebat, ut quidam concinentium chorus putaretur clericorum, in quo pueri, senes, juvenes jubilantes convenirent et continerentur. Organa illud vocabant, certisque temporibus excitabant.

et vers la même époque (XIIᵉ siècle), un chanoine régulier
de Saint-Paul de Besançon, Gerland, donne les règles de
la construction des orgues ; en cette contrée, voisine de la
Suisse, la science des orgues était venue, sans doute, des
grandes abbayes d'Einsiedeln et de Saint-Gall. — Au
XIIᵉ siècle encore, Guy, abbé de Chaalis (ordre de Prémon-
tré), parle plusieurs fois de l'orgue en passant, comme d'un
instrument assez commun déjà et bien connu de tout le
monde (1).

On a dit qu'il y avait des orgues à Meaux dans les premières années du XIIIᵉ siècle, cela est fort possible ; mais on
s'est fondé pour le dire sur une preuve très-insuffisante,
sur la locution mal interprétée : *suspensio organorum* (2).

Non tamen ignoro quia sunt multi, qui tale quid in suis non ha-
bentes ecclesiis, eos qui habent murmurando dilapidant ; quos nos
obloquentes et detrahentes audemus nuncupare ; qui quod organa
nobis innuant nesciunt exponere, nec attendentes chordarum modulatione animi motus mitigari, dederunt oblivioni.... (il cite David
et Élisée). Non igitur aberramus si tantorum patrum vestigia ut
possumus imitamur.... Ego siquidem in modulationibus organicis
non solum delector, sed per hoc ad intelligendum excitor quod
sicut multimodæ fistulæ varii ponderis et diversæ magnitudinis in
unam agitatæ conveniunt cantilenam : ita homines in unam debent
convenire sententiam a Spiritu Sancto inspirati. (*Ex actis sanctorum et illustriorum virorum gestis,* dans la *Neustria pia, Arturi* du
Monstier ; V. aussi Mabillon, *Annales,* t. v, p. 505, et les *Histor.
de Fr.,* t. xiv, p. 227.)

(1) Septem esse discrimina vocum, res ipsa docet ; septem enim
fistulis, quæ secundum rationem septem litterarum disponuntur,
cujuslibet manerie cantum in organis musice modulamur... Tonus,
semitonus, ditonus et semiditonus dissonantes, nec aliquam dulce-
dinem exprimunt : quod evidenter auditu perpendes, si duas claves
in organis, quæ faciant aliquam illorum vocum, simul taceseris, ut
simul sonent et dissonent. (*De Musica,* ms. de la bibliothèque
Sainte-Geneviève, publié par M. de Coussemaker, dans son *Histoire de l'Harmonie.*)

(2) C'est une expression métaphorique empruntée au psaume
Super flumina Babylonis, et par laquelle on exprimait au moyen
âge la cessation des cérémonies religieuses, soit dans une grande

Du reste, il serait puéril de citer toutes les mentions d'orgues qu'on trouve à partir de cette époque; elles sont trop communes. Passé le XIIe siècle, il ne faut relever que celles qui donnent quelques détails curieux sur la fabrication de l'instrument, sur son rôle liturgique, sur le sort des organistes, tout au plus celles qui indiquent la première apparition des orgues dans certaines contrées.

A Paris, les orgues abondaient au XIIIe siècle. Saint Louis prenait plaisir au son des orgues, ainsi qu'au déchant ou chant à deux parties, alors encore nouveau. Sa Sainte-Chapelle avait des organistes, plusieurs documents le prouvent (1). — Saint-Germain-des-Prés avait aussi ses orgues (2).

---

calamité publique, soit pour un sacrilége ou un scandale ; l'interdit jeté sur une église *suspendait* aussi *les orgues*. C'était d'ordinaire une protestation contre quelque violence de l'autorité séculière. Ainsi, en 1221, l'évêque de Meaux, Amaury, enjoint à son clergé de suspendre les orgues (c'est-à-dire d'interrompre le culte) dans toutes les églises à l'arrivée de la comtesse de Troyes, dont les officiers avaient arrêté un homme de l'archevêché (*Hist. eccl.*, *Meld.*, t. II, p. 112). Ce principe est consacré par plusieurs conciles et plusieurs bulles. — Ducange (*Glossaire*, au mot *organum*), cite un acte du chapitre de Lyon, de l'an 1347, où il est dit qu'on *suspendra les orgues* à cause d'un sacrilége commis par des malfaiteurs. On ne serait pas autorisé pour cela à dire qu'il y avait à cette époque des orgues à Lyon, diocèse bien connu pour les avoir constamment rejetées. — Dans une bulle de Pie II, en 1462, cette expression est même appliquée, par extension, à l'Université de Paris, qui, au moindre sujet de mécontentement, fermait ses écoles.

(1) Comptes du maître chapelain de la Sainte-Chapelle, 1298-1299 : *Moderatori organorum et ingenii capellæ*, *de gratia* (gratification) xx s. (cité par la Bibliothèque de l'École des Chartes, t. XVII, p. 160). — Comptes du chévecier de la Sainte-Chapelle : A l'organiste, ses gages, 12 l. 10 s. tournois, et au sonneur, pour souffler les orgues et faire les lits de ceux qui couchent au gîte, 60 s. tourn. (Arch. imp., reg. LL, 617).

(2) Comptes de Saint-Germain-des-Prés, 1484 : item à Pierre de Dernery, organiste, sur son louier de l'an de le présent compte, par l'ordonnance de mondit seigneur (l'abbé), IIII[ll] x s. t.

La Métropolitaine n'était pas en retard. En compulsant aux Archives de l'Empire les registres du chapitre de Notre-Dame-de-Paris, nous avons retrouvé une sorte d'histoire des orgues de cette église, en relevant çà et là des détails plus ou moins curieux sur les conditions matérielles de l'instrument, sur les réparations fréquentes qu'on y fit faire aux frais du chapitre et de l'évêque, ou grâce aux dons du roi (avec les noms des facteurs, Bourdon, Lemol.....), sur la sollicitude qu'on mettait à les visiter de temps à autre (surtout depuis que Regnaud l'organiste en avait volé l'étain), enfin, sur la construction des nouvelles orgues, en 1400, par le maître des orgues de Bourges, Frédéric Schaubaulzer. — Les organistes qui se succédèrent de 1390 à 1480 furent maître Regnaud de Reims (3), maître Henri le Saxon, bachelier en médecine, P. Bailli, Arnoud Greben, Jean Champagne, prêtre, maître ès-arts, plus tard un frère prêcheur engagé pour six ans, puis un ancien organiste du Palais (c'est-à-dire de la Sainte-Chapelle), etc. — L'organiste prêtait serment selon certaine formule devant le chapitre lorsqu'il était nommé; il avait droit au pain du chapitre et portait l'habit de l'église de Paris. Ses gages étaient de 26 livres parisis par an; mais les petites réparations se faisaient à ses frais jusqu'à XL s. par. Il était tenu de venir jouer quand il en était requis sous peine d'une amende de xx s.; mais tous les jeux extraordinaires lui étaient payés à part; les jeux ordinaires de l'année sont désignés, mais nous reviendrons plus loin sur ce point liturgique important. — La série des registres que nous avons eus entre les mains est malheureusement tronquée, elle ne commence qu'à l'année 1398; mais il faut reporter au moins au XIIIe siècle l'introduction des orgues dans l'église de

---

(3) Vers 1300, la Sainte-Chapelle avait un organiste nommé Pierre de Reims. La Maîtrise de Reims était-elle donc alors une pépinière d'organistes? et doit-on en attribuer le premier mérite à Gerbert qui avait donné des orgues à cette église dès le xe siècle?

Paris, puisqu'en 1425, le chapitre faisait vendre l'étain et les débris des *anciennes orgues*.

Nous pourrions entrer dans quelques détails semblables pour Dijon, Poitiers, Bourges, Troyes, etc. Mais on publie chaque jour de nouveaux documents sur la création, l'existence, l'état des orgues dans les diverses villes de France au XIIe, au XIIIe, au XIVe siècle...... Dans quelques années, en recueillant et rapprochant tous ces matériaux épars, on pourra suivre la marche des orgues de province en province et d'église en église, comme on a fait pour la propagation de l'imprimerie, signalant par des dates précises ses apparitions dans toutes les villes de l'Europe.

Plusieurs fois, dans le cours de ce travail, nous avons eu l'occasion d'indiquer les contestations auxquelles avait donné lieu l'introduction de l'orgue dans le culte. A ses envieux détracteurs, l'orgue put opposer des défenseurs enthousiastes, comme Baudry, archevêque de Dole (1). D'autres prélats, saint Dunstan, saint Odon de Cluny, le pape Silvestre II, s'employèrent eux-mêmes et de leurs propres mains à propager le nouvel instrument. Mais nous devons rapporter aussi les improbations de diverse nature qui s'élevèrent à ce sujet.

« Pourquoi, dit saint Aelrède, abbé de Rhiéval en Angleterre, au XIIe siècle, pourquoi dans l'église tant d'orgues et tant de cymbales? A quoi bon, je vous prie, ce mugissement effroyable de soufflets qui rappelle le fracas du tonnerre plutôt que la douceur de la voix (2) ? »

On peut remarquer qu'ici la critique s'adresse plutôt au mécanisme alors très-grossier de l'instrument. Si l'on pense

---

(1) Voir plus haut, p. 32.

(2) *Unde, cessantibus jam typis et figuris, unde in ecclesia tot organa, tot cymbala? Ad quid, rogo, terribilis ille follium flatus, tonitrui potius fragorem quam vocis exprimens suavitatem* (*Speculum caritatis*, l. II, c. 23, ap. Biblioth. PP., t. XXIII).

qu'à cette époque il fallait, pour un orgue de 400 tuyaux,
26 soufflets mus péniblement et bruyamment par 70 souf-
fleurs, que les tuyaux étaient de cuivre, que les touches se
frappaient à coups de poings ou de marteaux, on conviendra
qu'il devait y avoir plus de vacarme que de douceur, et
pour les fidèles plus d'étonnement que d'édification. Mais
cette grossièreté de l'orgue était en rapport avec la barbarie
générale du temps. Trois siècles plus tard, le zèle de saint
Aelrède se serait-il emporté aussi vivement contre des orgues
plus délicatement construites et dont les tuyaux d'étain et
de plomb avaient la voix plus douce ?

Saint Thomas d'Aquin dit « que l'Église ne doit pas employer les instruments de musique aux louanges divines,
de peur de paraître judaïser (1). » On reconnaît ici la répugnance que le premier âge du christianisme avait pro-
fessée pour les instruments en général. L'illustre docteur
du XIIIe siècle avait rencontré cette opinion en étudiant les
origines de la religion, et la répétait sans tenir compte de
la différence des temps. Mais nous nous sommes assez
étendu sur ce point au commencement de notre travail
pour n'être pas obligé d'y revenir.

Une circonstance notable, c'est que la plupart des hérésies au moyen âge, affectant plus d'austérité que l'Église
légitime, tendaient à supprimer toute la pompe du culte,
et notre instrument se trouvait naturellement compris dans
cette proscription (2). Les Pétrobrusiens, avant-coureurs des

----

(1) *Instrumenta musica non assumere ecclesiam in divinas laudes,
ne videatur judaizare* (2. 2., Q. 91, a 2 ad 4.).

(2) Les Vaudois aussi proscrivaient la musique instrumentale,
et jusqu'au chant grégorien, disant que l'Église, avant saint Grégoire, ne chantait pas. Ce fut aussi l'opinion des Wicleffistes et des
premiers calvinistes. Zwingle professait que tous les chants d'église
sont une insulte à Dieu. Encore aujourd'hui les anabaptistes en Allemagne, les quakers en Angleterre et en Amérique, rejettent tout
chant et toute musique.

Albigeois vers le milieu du xiie siècle, furent éloquemment réfutés par Pierre, abbé de Cluny (1).

Ces diverses oppositions ne faisaient d'ailleurs aucunement loi. Toutes les églises séculières ou conventuelles eurent leurs orgues au moyen âge. Pour l'Allemagne, par exemple, il suffit de parcourir la *Chronologia monasteriorum Germaniæ*, de Bruschius (2), pour voir qu'aux xive et xve siècles il n'y avait guères d'abbaye allemande qui ne possédât son orgue, ou, pour mieux dire, ses deux orgues (le grand orgue au portail et le petit du chœur), et que ces instruments avaient un rôle important dans la vie des religieux.

On sait que la cathédrale de Poitiers possédait également un grand orgue au portail et un autre petit sur le jubé, dès le xive siècle (3). Les chapelles ou les communautés plus pauvres qui ne pouvaient avoir de grandes orgues en avaient au moins de petites. L'abbé Lebeuf (État des sciences en France depuis le roi Robert), dit qu'il était d'usage parmi les laïcs de distinction d'offrir de petites orgues en cadeau aux abbayes de femmes. Les religieux continuèrent à être musiciens, facteurs, organistes. Rien, enfin, de plus ordinaire que les représentations d'orgues, et surtout d'orgues portatives dans les miniatures des missels, sur les vitraux et dans les bas-reliefs des églises (4).

---

(1) *Deus enim, quod voces pie cantantium et sonos religiose organizantium benigne susciperet, inter alia divina obsequia hæc quoque devote exhibita approbaret, tantorum prophetarum* (David et Elisée qu'il a cités plus haut) *tam sublimibus exemplis voluit indicare* (Biblioth. PP., t. xxii. — *It. in* Biblioth. Cluniac. p. 1229, § ult.).

(2) Voy. Bruschius, *Chronol. monast. Germ.*; et d'autres opuscules rassemblés dans les premiers volumes de la collection de Leibnitzius, *Scriptores rerum Brunswicarum.* (Voir aussi l'Organographie de Pretorius, citée plus haut.)

(3) Mémoires de la Société des antiquaires de l'Ouest, 1848-1849: Histoire de la cathédrale de Poitiers, par l'abbé Auber, t. ii, p. 106, 289, etc.

(4) Par exemple : le portail de l'église Saint-Julien des Ménétriers, à Paris, bâtie en 1330 (V. Millin, *Antiquités nationales,*

Il est vrai qu'on y voit figurer aussi tous les instruments sans distinction. Le moyen âge les toléra longtemps dans l'Église, surtout pour certaines fêtes exceptionnelles, Noël, l'Épiphanie, les Saints-Innocents, etc. Les grands couvents d'hommes ou de femmes, dès le viiie, le ixe siècle, avaient, comme les princes, des troupes de jongleurs ou ménétriers, qui probablement concouraient quelquefois aux solennités religieuses. Les anges représentés jouant du rebec, du psaltérion, et tous ces grands concerts des portails et des miniatures présidés par sainte Cécile ou par David jouant de la harpe, ne laissent guère le droit d'en douter. Certes, les ménétriers du moyen âge étaient loin d'être aussi licencieux, aussi décriés que les mimes, les chanteurs, les joueuses de flûte de la décadence païenne. Cependant, on commença de très-bonne heure à marquer la séparation du profane et du sacré. Par un capitulaire de 789, Charlemagne défend aux abbayes d'avoir de ces troupes de ménétriers. Un concile de Châlons en 813 interdit au clergé les concerts et les spectacles de ces artistes (alors nommés *joculatores,* d'où est venu *jongleurs*). Les règlements ecclésiastiques furent constamment renouvelés, et de plus en plus sévères, pour expulser du sanctuaire ces musiciens profanes qui n'y apportaient le plus souvent que le désordre. Au contraire, l'orgue, toujours perfectionné, adouci, de plus en plus approprié aux convenances du culte, se naturalisait dans l'Église qui finit par l'adopter exclusivement. Dès la fin du xiiie siècle, le franciscain Egidius atteste que

---

t. iv, n° xli, pl. 1 et 2); le bas-relief du cloître de Saint-Georges de Bocherville en Normandie; le vitrail de l'abbaye de Bonport, etc. (Voy. les *Monuments français* de Willemin, in-fol., 1er vol.; le *Thesaurus veterum diptychorum* de Gori, t. ii, p. 12; le Dictionnaire iconographique de Guénebault; le travail sur les Instruments de musique au moyen âge, de M. de Coussemaker, dans les Annales archéologiques, etc., etc.) Tous les jours les diverses Revues d'archéologie publient de nouveaux documents de ce genre.

c'est le seul instrument dont l'Église se serve (1). Et Jean Gerson, deux cents ans après, en nous apprenant les perfectionnements de l'orgue et l'estime qu'on en faisait, nous dit aussi que l'usage ecclésiastique n'a conservé que cette seule espèce d'instruments de musique (2). Ce privilége, cette adoption fut confirmée par tous les grands conciles réformateurs du xvie siècle (3).

Les premiers mouvements de la Réforme religieuse qui se firent sentir dès le xve siècle, et dans le sein même de l'Église catholique, sans qu'il fût encore question pour personne de s'en détacher, amenèrent en divers lieux une soudaine recrudescence d'austérité. Certaines congrégations se réduisirent au chant simple, et même à une psalmodie très-monotone qui ne s'écartait guères de l'intervalle d'une tierce : par exemple, les minimes de saint François de Paule, et surtout les capucins dont la psalmodie semble

---

(1) *Ars musica,* cap. xv.... *(organum) et hoc solo musico instrumento utitur ecclesia in diversis cantibus, et in prosis, in sequentiis et in hymnis, propter abusum histrionum ejectis aliis communiter instrumentis.* Ce Johannes Egidius était lecteur à l'église de Zamora, en Espagne ; il fut précepteur de Don Sanche, fils du roi Alphonse X. (V. Gerbert, *Scriptores de musica sacra,* t. ii, p. 389.)

(2) Joh. Gerson, OEuvres, t. iii, pars ii, pag. 628. *Tract. I, de canticis : Habet vero modernus usus appropriationem, nec irrationabiliter, ad organa ex plumbeis vel stanneis fistulis, quæ cum follibus et cum digitis multiplicem et perfectam habent, inter aliud quodlibet instrumentorum, vocalium resonantiam fistularum : quæ fistulæ non illiberales appellandæ sunt, quia non oris deformatione, sed follis inflatione sonant. Hoc solum vel præcipuum retinuit ecclesiastica consuetudo musicum genus instrumenti.* (Il paraît pourtant qu'on y joignait encore quelquefois d'autres instruments profanes, car il ajoute) : *Cui vidimus aliquam jungi tubam, rarissime vero bombardas seu thalemias, seu cornemusas grandes aut parvas, vel alia, si qua sint, quæ nominaverimus instrumenta.*

(3) Nous citerons seulement, à cause de la brièveté de sa formule, cet article du Concile de Milan, présidé, en 1565, par saint Charles Borromée (Concil. Mediolan. I, pars 2, n. 51.) *Organo tantum in ecclesia locus sit.*

plutôt une récitation. Du reste, pour le dire en passant, autant d'ordres monastiques, autant d'usages différents : les chartreux chantent, mais rejettent l'orgue ; les bénédictins l'admettent, et particulièrement les bénédictins de Saint-Gall et d'Einsiedeln ont, de toute antiquité jusqu'à nos jours, admis non-seulement l'orgue, mais tous les instruments et des compositions musicales assez variées. Dans les abbayes de Saint-Victor, la musique était très-cultivée et très-brillante ; Saint-Victor et Saint-Gall sont les deux maisons qui ont répandu dans le culte le plus de chants nouveaux, le plus d'hymnes et surtout le plus de proses ; or, il était de règle que ces sortes de compositions fussent accompagnées par l'orgue. L'*Histoire littéraire de la France* (t. ix, p. 20) reproche aux Cluniciens d'avoir amolli la musique d'église ; l'abbé de Cluny, Pierre, a le premier introduit dans le chœur le chant mesuré à côté du plain-chant. La maison de Citeaux, fille de Cluny, aimait beaucoup aussi la musique, mais elle la ramena à une simplicité, à une gravité peut-être un peu exagérée. Saint Bernard (Ép. 398) conseille un juste milieu entre ces deux excès. — Les dominicains avaient des orgues et formaient beaucoup d'organistes. Il paraît que l'esprit de cet ordre était assez sévère ; car, dès le xiiie siècle, leurs assemblées générales faisaient des règlements pour restreindre l'emploi des orgues, réservant, toutefois, un peu plus de pompe et de solennité pour leur maison principale de Bologne, en l'honneur de leur patron et fondateur saint Dominique (1). Mais, comme nous l'avons dit, ce fut surtout aux approches de la réforme, aux xve et xvie siècles que la sévérité re—

---

(1) *Acta capituli generalis ordinis Predicatorum, Ferrariæ celebrati* , anno 1290. — § 21. *Item inhibemus ne in conventibus nostris organa, aut duæ campanæ simul ad horas pulsentur, præter quam Bononiæ ubi ob reverentiam beati Dominici patris nostri hoc permittatur : ita tamen quod hoc cum decentia et honestate debita observetur.* — *Ap*. Thesaurus anecdotum, t. iv, col. 1837 d.

doubla de toutes parts, en Italie comme en Allemagne. On
peut voir, à ce sujet, l'écrit de Bruschius : *De reformatione
monasteriorum, sœculo XV*, qui, entre autres détails, nous
apprend que dans la province de Magdebourg l'usage de
l'orgue fut défendu non-seulement aux monastères, mais
même aux chanoines réguliers (1). Pour l'Italie, dom Martène (2) nous rapporte plusieurs constitutions d'ordres monastiques qui rejettent l'usage de l'orgue, de tout autre
instrument et de la musique figurée, et règlent qu'on s'en
tiendra au chant grégorien.

Nous pourrions ajouter que la chapelle pontificale, à
Rome, n'a jamais admis que le chant, et que certains dio-
cèses tout entiers ont pu se donner la coutume de rejeter
l'orgue aussi bien que les autres instruments. Mais ce sont
des exceptions. Il reste certain que la règle la plus constante
et la plus générale de l'Église fut d'employer l'orgue, et
l'orgue seul, dans les cérémonies du culte.

Nous avons dit comment l'orgue s'était introduit, pro-
pagé, établi dans le monde chrétien. Il nous reste à poser
et à résoudre, autant qu'il est en nous, une dernière question. Quel rôle l'orgue a-t-il joué dans le culte aux diverses

---

(1) *Ap.* Leibnitz, *Scriptores rerum Brunsvicarum*, t. **ii**, p. 947.

(2) D. Martène, *Comment. ad regulam sancti Benedicti.* —
*Constit. mss. congreg. Casalensis : Prohibemus etiam organa.....,
tam organorum quam aliorum instrumentorum pulsationem. Similiter caveatur omnis cantus figuratus.* — *Constitut. congreg. Casi-
nensis* (cap. **xix**, constit. **vi, vii, viii**): *Prohibemus fieri organa in
posterum de novo... absque permissione capituli generalis. Si
qua tamen sunt monasteria quœ ea habuerint, non nisi in festis
duplicibus pulsentur ; et hoc per alios quam fratres nostros :
quibus interdicimus tam præfatorum organorum quam aliorum
instrumentorum pulsationem : imo etiam eis inhibemus ut nec ad-
discere nec alios docere possint. Et item de cantu figurato....*

époques successivement ? Dans quelles fêtes l'employait-on, et à quels moments du service divin ?

Nos *plus* anciens documents ne nous donnent, pour ainsi dire, aucun renseignement à ce sujet avant le XIIe siècle. Baudry de Dole (1), quand il parle des orgues de l'abbaye de Fécamp (au XIe siècle), dit seulement qu'on en jouait à certains temps de l'année, *certis temporibus,* assez rarement sans doute. Les orgues de Ramsey, en Angleterre, au Xe siècle (2), se faisaient entendre aux jours de fête, dit dom Martène d'après la chronique. L'emploi de l'orgue dans les cérémonies dut être, pendant plusieurs siècles, très-irrégulier, très-arbitraire ; le merveilleux instrument ne sonnait, pour l'édification et l'étonnement des fidèles, que dans les grandes circonstances, pour les principales fêtes de l'année, pour la fête du patron, aux dédicaces, à la réception de reliques, devant les princes de l'Église et du siècle. On le considérait d'abord comme un brillant hors-d'œuvre, et on ne l'employait qu'aux moments où il ne dérangeait pas l'ordre habituel de l'office divin, par exemple à l'entrée et à la sortie de l'évêque, à l'ouverture et à l'issue des offices, pendant les processions, etc.

Dès une époque très-reculée, l'orgue servit aux hymnes, et surtout aux proses et aux séquences (3), sorte de compositions, alors dans toute la vogue de la nouveauté, répandues par milliers dans l'Europe chrétienne, qui n'étaient pas comptées comme faisant partie du corps même de la liturgie, non plus que les tropes, les *motuli*, les conduicts, les épîtres farsies. Le chœur chantait une strophe, l'orgue

---

(1) Voir plus haut, p. 32.

(2) Voir plus haut, p. 27.

(3) Les proses font souvent mention de l'orgue. En voici un exemple emprunté à une prose de Noël du XIIe siècle :

> *Celeste organum hodie sonuit in terra,*
> *Ad partum Virginis superum cecinit caterva, etc.*
> (Bibl. Imp. anc. f. lat. Ms. 1087, fol. 118.)

jouait la suivante, puis le chœur reprenait, et toujours ainsi. Egidius de Zamora, au XIIIe siècle, dit que l'Église se sert de l'orgue dans divers chants, dans les proses, les séquences, les hymnes (1). Ce qu'on faisait pour les strophes des proses et des hymnes, on le fit pour les versets des cantiques, des psaumes, des répons ; et l'orgue se mêla ainsi peu à peu à toutes les parties de l'office.

Un document de l'an 1300 (2) prouve qu'à la Sainte-Chapelle de Paris, qui était la chapelle des rois de France et par conséquent devait être aussi brillante qu'aucune autre église de ce temps, on ne touchait l'orgue cependant qu'aux fêtes annuelles. — Mais un siècle après nous voyons, par les registres du chapitre de l'église de Paris, que le service ordinaire de l'organiste comprenait vingt-trois fêtes, où il avait à jouer aux premières vêpres, et pendant la messe au *Kyrie*, au *Gloria*, à la prose, au *Sanctus* et à l'*Agnus* (3). Du reste, c'était en 1400 un usage général d'employer l'orgue pour ces cinq morceaux principaux de la messe ; car la Sainte-Chapelle de Bourges règle alors dans ses statuts qu'en toute messe, de quelque solennité qu'elle soit, les répons, l'alleluia, la post-communion, l'offertoire, seront *déchantés* (c'est-à-dire chantés en diaphonie, en harmonie) ;

---

(1) *Hoc instrumento utitur ecclesia in diversis cantibus, et in prosis, in sequentiis et in hymnis.* [*Ars musica*, dans les *Scriptores ecclesiastici de musica sacra* de dom Gerbert, tom. II, p. 389.]

(2) Archives de l'Empire, cart. L. 847 : *Item magistro P. de Remis organiste pro organo dicte capelle in festis annualibus ducendo, per annum, IV libr.*

(3) Archives de l'Empire, L. L., 215, p. 52 (Registres de délibérations du Chapitre de l'Église de Paris, 29 mai 1415) : *Magister Henricus de Saxonia receptus est in organizatorem ecclesiæ ad vadia* XXVI *libr. par. annuatim, et tenebitur ludere in* XXIII *festis sibi declaratis, in primis vesperis, in missa, kyrie, gloria in excelsis, sequentiam, sanctus, agnus.....*

et pareillement le *Kyrie*, le *Gloria*, la prose, le *Sanctus* et l'*Agnus*, à moins qu'ils ne soient chantés avec l'orgue (1).

Il va sans dire qu'outre les fêtes régulières de l'Église, il y avait beaucoup d'autres occasions plus ou moins solennelles où l'orgue pouvait se faire entendre, depuis les sacres, investitures, mariages de princes, etc., jusqu'aux offices des morts quelque peu richement célébrés. Nous n'en citons qu'un très-modeste exemple, emprunté au Glossaire de Ducange (au mot *discantus*) : c'est une fondation de messe *cum cantu, discantu et organis sonantibus*, au xve siècle, à Thérouanne (2).

Les nombreux conciles du xvie siècle confirment l'emploi de l'orgue dans les diverses pièces liturgiques que nous avons plus haut signalées ; ils l'autorisent à quelques autres moments de l'office tel que l'offertoire, et en même temps décident qu'il ne devra jamais se faire entendre à certains autres moments de la messe, à certaines Heures, à certains

---

(1) *Jubemus quod in omni missa, cujuscunque solemnitatis sit, utputa trium lectionum, dierum ferialium et novem lectionum, duplicium, et annualium, semper officium responsorium, alleluia, offertorium et postcommunio discantabuntur ; et similiter kyrie eleison, gloria in excelsis, prosa, sanctus, agnus, nisi organisentur. (In statut. S. Capellæ Bituric. anno 1407, ex Biblioth. reg.*, cité par Ducange, Glossaire.) A partir du xie, du xe siècle, ce mot *organisare* désigne souvent le *déchant* ; mais ici le doute n'est pas possible, puisque *organisare* est opposé à *discantare*.

(2) On voit dans les Registres manuscrits du chapitre de l'Église de Paris, que nous avons déjà cités, que vers 1400, l'organiste de N.-D. était tenu de venir jouer toutes les fois qu'il en était requis, sous peine d'amende, mais qu'il recevait xi s. par. de gratification pour chacun de ces jeux extraordinaires. (Reg. ll. 215, p. 95, 96, 128.) — Nous avons peu de documents sur cette question du rôle de l'orgue dans les cérémonies ; mais nous pensons qu'on pourrait recueillir de précieux renseignements dans les rituels, dans les cérémoniaux manuscrits, dans les règlements et statuts de Chapitres, etc., antérieurs au xvie siècle.

temps de l'année (1). Mais on peut trouver tout cela dans
les Cérémonialistes du xvi° siècle, par exemple dans la
Praxis cærimoniarum de Castaldo ; et l'on y verra que
dès lors la pratique était la même à peu près qu'aujour-
d'hui (2).

Nous nous arrêtons aux abords du xvii° siècle : c'est
à peu près à ce moment que peut commencer l'histoire du
style d'orgue qui est du domaine de l'art ; mais il n'y a plus
rien d'essentiel à ajouter à l'histoire *ecclésiastique* de notre
instrument. Désormais sa destinée est fixée ; il a sa place légitime dans l'édifice, son rôle régulier dans la liturgie ; et il
peut s'autoriser déjà d'une assez longue tradition. Ces recher-
ches ont été faites sans aucun parti pris ; nous avons tout dit,
les hésitations, les oppositions, les exceptions ; et pourtant il
nous semble que notre travail laisse apercevoir une tradition antique et constante. Ce ne sont pas les usages de telle
congrégation, de telle église ou chapelle locale qu'il faut
consulter : c'est l'usage universel, le sens général de l'art
catholique, ce sont les décisions des papes et des conciles.
Or, ces décisions, admettant l'orgue sans conteste, ne s'oc-
cupent que de le rappeler aux convenances et au style religieux, et de régler son rôle dans l'office. D'ailleurs à quoi
bon insister sur ce point ? Malgré la persistance de la Chapelle Sixtine à rejeter toute musique instrumentale, malgré
les dernières réclamations du rite lyonnais, qui se plaint

---

(1) Voici les Conciles qui se sont occupés de l'orgue : les Conciles
de Sens (1525, 1528), de Cologne (1536), Augsbourg (1548, 1567),
Trèves (1549), Trente (1562 et suiv.), Haarlem (1564), Cambrai
(1565), Milan (1565), Constance (1567) ; Namur, Ruremonde et
Arras en 1570, Gand et Besançon en 1571, Saint-Omer et Bor-
deaux en 1583, Bourges en 1584, Trente en 1593.

(2) On trouve les règles de la pratique actuelle, dans le Céré-
monial des Évêques. M. l'abbé Alfieri les a résumées dans les
Annali della scienza e della fide. Voir aussi *l'Orgue,* de M. Jos.
Régnier, in-8°, Nancy, 1850, chap. LVIII.

qu'on lui ait donné des orgues, il ne s'agit plus aujourd'hui nulle part, pour personne, de remettre en question l'admission de l'orgue dans le culte. Mais il y a une question qui reste en litige. Les autres instruments, les instruments de l'orchestre dramatique et des fêtes profanes partagent-ils cette approbation ? Est-ce à bon droit qu'ils viennent, à certains jours et aux jours les plus solennels, se substituer à l'orgue, en même temps que la musique remplace le plain-chant dans les parties les plus essentielles de l'office ? Si l'on consulte l'histoire et la tradition, elles répondent que ces instruments n'ont jamais été reconnus et autorisés par l'église, mais qu'ils ont toujours été tolérés. Sera-t-on plus sévère aujourd'hui qu'autrefois ? Il y a bien à dire là-dessus : on voudra bien nous permettre, en finissant, certaines considérations générales qui éclaireront ce point délicat.

En quelques siècles la situation du christianisme a bien changé. Au moyen âge, la société tout entière était chrétienne ; rien n'était en dehors de l'Église. Les pouvoirs temporels y avaient leur consécration ; aussi toutes les fêtes publiques se portaient vers les cathédrales, y entraînant après elles un peu des pompes mondaines ; mais en somme il y avait au fond de tout cela un solennel hommage rendu à la religion ; la foi, alors si absolue, couvrait, sauvait tout. La liberté de penser, s'exerçant dans la scolastique, ne s'emportait pas au-delà de l'horizon chrétien, ses plus grands écarts étaient l'hérésie ; mais il ne se fait plus d'hérésies aujourd'hui, et les divisions qui s'élèvent dans le monde religieux sont périlleuses pour le tout. La gaîté même, les divertissements avaient pour rendez-vous et pour abri le sanctuaire ; ainsi la fête des Innocents et celle de la Tiphaine ; ainsi les mystères de la Passion, origine de notre théâtre, qui se jouaient sous le portail des cathédrales, à l'intérieur des abbayes, devant le clergé, empruntant naïvement le drame et les personnages à l'Évangile ; on ruinerait aujourd'hui la religion, si l'on tolérait la dixième partie de ce qui se faisait alors sans ébranler la foi. La poésie en langue vulgaire s'exerçait dans le chœur des églises par les noëls, les épîtres farcies, etc., que l'on ne permet plus maintenant. Enfin les arts se développaient aussi par le christianisme ; les instruments et la musique figurée faisaient leurs premiers progrès sous le patronage de l'Église qui les laissait indulgemment s'ébattre dans son sein. Parfois le jeu passait les bornes : c'était la fête des Fous, les statues caricaturales de certains portails, des messes qui prenaient pour thème principal les chansons populaires les plus lestes. Mais alors l'autorité ecclésiastique rendait des règlements sévères. L'Église, servant de centre à toute l'existence sociale, dans les plaisirs comme dans les devoirs sérieux et graves, il n'était pas étonnant qu'on y vit quelques désordres. Il y avait donc souvent *scandale*, mais après tout il n'y avait pas *danger*.

Aujourd'hui il y a tout à la fois *scandale et danger*, à introduire dans le sanctuaire les moyens, les effets, les beautés qui caractérisent l'art profane. Les temps sont changés. Il y a deux mondes à part, le sacré et le profane, le religieux et l'humain : une portion considérable des consciences et des esprits s'est émancipée de la tutelle chrétienne ; tous les éléments que le giron de l'Église avait couvés au moyen âge sont adultes, vivent par eux-mêmes, et, dans leurs développements successifs, tendent à envahir le domaine, à annuler la puissance de leur antique mère. Dans une telle situation, tout importe ; certaines complaisances entraînent plus loin qu'on ne pense, certaines confusions de styles déforment et désorganisent l'art sacré. Aussi est-il plus nécessaire que jamais que la religion soit absolument religieuse ; et l'Église de nos jours l'a bien senti, toute sa conduite est en ce sens. Si l'on compare le siècle présent aux deux derniers, on convient que le clergé a redoublé de pureté, de tenue, de dignité. Les anciennes divisions théologiques s'apaisent ; au lieu d'hérésies et de discussions nouvelles, ce sont de nouveaux dogmes qui viennent témoigner de la concorde catholique. Les règlements deviennent plus généraux. Les rites tendent à s'effacer pour laisser paraître une unité parfaite. On songe de toutes parts à rétablir, comme au temps de saint Grégoire et de Charlemagne, le même plain-chant dans toutes les églises, et d'abord on remonte aux sources antiques pour restituer à ces mélodies grégoriennes leur pureté, leur beauté primitive, si étrangement détériorées par les éditeurs de graduels et d'antiphonaires des deux derniers siècles. Cette tonalité ecclésiastique a trouvé de pénétrants interprètes, d'éloquents défenseurs qui lui ont rendu sa valeur, qui ont mis en lumière son caractère propre, ses éléments essentiels et toutes les qualités qui en découlent, et qui s'harmonisent merveilleusement avec les conditions sonores du monument comme avec les convenances de la liturgie. En un mot, on veut reconstituer une musique religieuse, et il se trouve que la musique la plus belle pour le culte est précisément la musique traditionnelle, c'est-à-dire le plain-chant, l'orgue, le faux-bourdon et les chœurs *alla Palestrina* : — le plain-chant, si intimement mêlé aux textes sacrés, et dont les échos prolongés de l'église amplifient encore la dévotieuse et large mélodie ; — le style *alla Palestrina*, qui, reposant sur la même tonalité que le plain-chant, n'en est que le développement harmonique ; — enfin comme instrument, l'orgue, qui seul a une tradition religieuse, qui seul est le familier de l'Église, dont les sons posés, soutenus, le style lié, l'harmonie calme, planent, s'épandent et se déroulent si majestueusement ; qui possède la douceur et la puissance, sans avoir la vivacité et l'expressivité dramatiques, admirablement doué pour l'Église, et par les qualités qu'il a, et par celles mêmes qu'il n'a pas.

Et l'orchestre ? peut-il être aussi religieux que l'orgue ? peut-il être aussi beau dans le temple ? Non, il y est déplacé ; son style y déplaît ; sa variété de timbres, qui est la source de tant de beautés dans l'opéra, n'est ici qu'une bizarrerie. Les effets les plus brillants, que la salle de théâtre ou de concert fait valoir, se perdent ou se déforment dans ces

bas-côtés, dans ces chapelles, dans le transsept, dans le pro-
naos, dans ces mille angles et enfoncements du monument
gothique. Les détails délicats et mignards des violons s'é-
teignent au détour d'un gros pilier, et l'instant d'après les
éclats des instruments de cuivre font aboyer à contre-temps
les échos trop nombreux et trop sonores. L'église est donc
condamnée à rester inférieure au théâtre en lui empruntant
ses armes. Mais si l'audition matérielle est défectueuse, ce
n'est pourtant pas le plus grand mal. Malgré lui, et parfois
volontairement et sans façons, le compositeur emploie ses
moyens ordinaires, c'est-à-dire la manière dramatique, que
les exécutants ne peuvent s'empêcher d'accentuer encore par
les procédés propres à leurs instruments et habituels à leurs
mains, par un jeu langoureux, original ou passionné. Que
devient la dignité du culte au milieu de tout cela? Tout
charme, et rien n'édifie. Les émotions, les passions mondaines s'éveillent comme au théâtre; les rapprochements les
plus choquants se font d'eux-mêmes entre le *Kyrie* du jour
et le grand *finale* de la veille, entre l'*O Salutaris* et l'air de
Mlle X. dans l'opéra-comique en vogue, et rien de plus
simple : c'est aussi Mlle X. qui chante l'*O Salutaris*. Les
dilettanti (au moins ceux qui sont bien placés pour entendre), sont sincèrement enchantés ; or, ils forment bien au
moins les deux tiers de l'auditoire. Les indifférents, les
incrédules ne sont pas fâchés de trouver prétexte à railler
l'Église. Quant au petit nombre de fidèles qui ont réussi à
pénétrer ces jours-là dans leur église, leur sens est tout à
fait dérouté. Que préféreront-ils, de cette musique d'orchestre si brillante et si soignée, mais déplacée, ou du
plain-chant, très-convenable en soi, mais dont l'exécution
est toujours négligée, et négligée souvent à un point qui
fait honte ? Il résulte de ces messes et solennités extraordinaires qu'on se dégoûte du chant grégorien sans pouvoir
aimer la musique dramatique à l'église ; et c'est ainsi que la
vraie musique chrétienne se perd et oublie de plus en plus
ses voies.

Par malheur, cette question de convenance religieuse
se complique d'une grande question d'art. Depuis deux
siècles il s'est formé, entre l'église et le théâtre, un genre
bâtard de musique où les plus grands maîtres ont tenu à
honneur de s'exercer, et qui a produit des chefs-d'œuvre :
les messes et motets à orchestre de Scarlatti, de Pergolèse,
de Hændel, des deux Haydn, de Mozart et de tant d'autres.
L'Église avait toléré au moyen âge la musique instrumentale,
parce qu'elle était insignifiante ; elle l'a tolérée depuis,
parce qu'elle était belle. Et comment se résigner aujour-
d'hui à abandonner des trésors comme les messes de Haydn
et de Mozart ? Personne n'oserait proposer une amputation
aussi cruelle à l'art chrétien. Mais pourtant, est-ce bien de
l'art chrétien, à proprement parler ? Non ; c'est une portion
de la musique dramatique, qui, sous un pieux prétexte, a
pénétré dans le sanctuaire. Est-ce bien une conquête que
l'Église a faite sur le profane ? Ne serait-ce pas tout le contraire ? Les premières œuvres de ce genre, celles de Caris-
simi et d'Alessandro Scarlatti, avaient encore une simplicité,
une pureté d'expression qui dissimulait le danger ; mais par
un entraînement fatal, cette musique, en arrivant à son plus
haut point de beauté avec Mozart et Cherubini, a repris
franchement toutes les qualités dramatiques. Il y a de nos
jours deux ou trois compositeurs qui écrivent bien en ce
style ; le plus grand mal, sans doute, est dans cette multitude de productions insipides auxquelles ces œuvres relative-
ment convenables servent de prétexte, et qu'elles autorisent
logiquement. Mais, encore une fois, n'y eût-il que des
œuvres de génie en ce genre, il n'en serait pas moins vrai
qu'on est là en dehors de la tradition, en dehors des convenances, en dehors de la voie propre de l'art chrétien.

Cette séparation si désirable du religieux et du profane,
les gens du monde la comprennent par pur esprit de convenances ; les musiciens, par un simple sentiment de goût
artistique ; l'autorité ecclésiastique, par bien d'autres rai-
sons plus graves, la comprendra mieux encore ; et elle pour-

rait s'y sentir invitée par les antécédents les plus dignes de considération, par tant de statuts de conciles, par certains actes des souverains pontifes, tels que la fameuse encyclique de 1749, *de anno jubilæo*, par les essais de réformes diocésaines de plusieurs évêques.

Le catholicisme ne sait pas assez, en général, quelles ressources il possède en lui-même sous ce rapport. Il aura quand il voudra ce qu'il lui faut. Il lui faut des artistes à lui (j'entends de vrais artistes et vraiment religieux), un instrument à lui, des mélodies, une harmonie, en un mot toute une musique à lui. Ces éléments existent, mais dans un état d'abandon qui en fait méconnaître la vertu. Quand l'Église voudra les vivifier en reportant sur eux l'intérêt, les soins, les encouragements de toute sorte qu'elle prodigue a de profanes auxiliaires, on verra paraître une musique religieuse dont la beauté propre et la majesté souveraine rendraient désormais inutile, impossible même, l'apparition de l'art dramatique dans le culte.

J.-Ed. Bertrand.

FIN.